Prosecco, Soave, Grappa und Valpolicella

HANS MESSNER • MICHAEL LEISCHNER

Prosecco, Soave, Grappa & Valpolicella

UNTERWEGS IM VENETO

Verlag Carinthia

Die Deutsche Bibliothek - CIP-Einheitsaufnahme

Prosecco, Soave, Grappa, Valpolicella : unterwegs im Veneto / Hans Messner /
Michael Leischner.- Klagenfurt : Verl. Carinthia, 2002
ISBN 3-85378-547-6

© 2002 Verlag Carinthia, Klagenfurt
2. überarbeitete Auflage 2004
Alle Rechte vorbehalten
Gestaltung: Pliessnig/TextDesign
Satz & Repro: TextDesign GmbH, Klagenfurt
Druck: Druckerei Theiss GmbH, A-9431 St. Stefan
Fotos: © Michael Leischner
Karte: © Mediendienstleistungs Gmbh & CO.KG., Klagenfurt

ISBN 3-85378-547-6

http://www.verlag.carinthia.com

Vorwort

Das Veneto ist eine Region, mit der sich schon viele Reiseführer auseinander gesetzt haben. Dieser jedoch soll Sie, geschätzte Leserin und geschätzter Leser, intensiv und auf kulinarischen Wegen in die Heimat der bedeutendsten Weine des Veneto entführen. Gemeint ist damit die Heimat des Prosecco rund um Conegliano und Valdobbiadene in der Provinz Treviso. Von dort folgen wir, nach perlenden Genüssen, der Sonne in westlicher Richtung. Wir folgen ihr auf kulinarischen und zum Teil geschichtlichen Spuren, überqueren dabei den Schicksalsfluss Piave, besuchen den umkämpften Montello, bestaunen das malerische Asolo und fahren hinüber nach Bassano del Grappa. Dies ist die Heimat des weltberühmten Destillates. Namensgeber der idyllischen Stadt an der Brenta ist jedoch der nördlich gelegene Hausberg, der im Ersten Weltkrieg so heiß umkämpfte Monte Grappa.

Nach romantischen Spaziergängen und hochgeistigen Verkostungen zieht es uns über Marostica und das Weinbaugebiet Breganze hinauf auf 1000 Meter Seehöhe, in das Käsestädtchen Asiago am Fuße der Dolomiten. Der würzige Käse dieser Almregion schafft die richtige Unterlage für den berühmten Soave. Das ist jener Weißwein, der in den Hügeln rund um das namensgebende Städtchen, auf halbem Wege zwischen Vicenza und Verona, wächst. Den trocken ausgebauten Soave wusste auch Ernest Hemingway zu würdigen und schätzen. Wie er es übri-

Das Land um
Treviso bringt
neben den Wei-
nen auch den ty-
pischen Radicchio
rosso hervor.

gens auch mit dem kräftigen Rotwein aus dem benachbarten Weinbaugebiet in der Provinz Verona, dem Valpolicella, hielt. Beide Weine werden immer wieder in seinen Büchern, die das Veneto oder Venedig als Schauplatz haben, erwähnt. Wie zum Beispiel in seinem Roman »Über den Fluss und in die Wälder«.

Auch in den beiden so wichtigen Weinbaugebieten folgt dieser Führer landschaftlich schönen Weinstraßen, führt zu köstlichen Einkehren und in tiefe Keller mit frischen jungen und schweren alten Tröpfchen des Hügellandes.

Dieser Reiseführer soll nicht nur ein Führer, sondern in erster Linie ein Verführer zu Osterie, Trattorie, Ristoranti, Enoteche, Grapperie und Winzern sein. Er soll auf Gaumenfreuden hinweisen und so dem Leser das Land Bissen für Bissen und Schluck um Schluck näher bringen. Meine Weintipps können keinesfalls allumfassend sein. Sie sollen aber, je nach Geschmack des Lesers, den Einkauf direkt vor Ort ermöglichen. Denn gerade in der Heimat des Prosecco ist das Angebot mancher Winzer sehr umfangreich. Neben den verschiedenen Prosecco-Varianten werden oft auch diverse regionale Rotweine, Weißweine und schäumender Chardonnay offeriert. Über weite Strecken habe ich mich von einem Sprichwort des italienischen Filmschauspielers Marcello Mastroianni leiten lassen, der ja auch des Öfteren in der Gegend um Soligo zu Gast war, und der meinte:

»Abstinenzler sind Leute,
die niemals entdecken,
was sie versäumt haben.«

Das perlende Gold des Veneto muss hart erarbeitet werden.

Tajut, Ombra und Goto

Diese drei Begriffe stehen für das jeweilige regionstypische Glas heimischen Weines, das von Alt und Jung schnell im Stehen getrunken wird. Ganz im Osten in Friaul ist es der Tajut. Im Großraum um Venedig, in Treviso und der Heimat des Prosecco ist es die Ombra. Und ganz im Westen, in der Provinz Verona, ist es – oder besser gesagt, war es – der Goto. Dieses kurze, recht niedrige und doch voluminöse Trinkglas ist fast verschwunden. Längst wurde der Goto von den feinen Probiergläsern oder gar sortenspezifischen Gläsern prominenter Hersteller abgelöst.

Im Osten des Landes, in Friaul-Julisch Venetien, haben vor allem die Einheimischen am traditionellen Glas festgehalten. Doch während im Osten der recht blumige Tocai oder ein oft rauer, alkoholreicher Merlot getrunken wird, bevorzugen die Veneter ihren leichten, fruchtigen, nach Muskat duftenden Prosecco tranquillo oder eben den Frizzante. Beide enthalten wenig Alkohol. Dann und wann darf es auch ein Clinto sein.

In der Provinz Verona wird natürlich ebenfalls im Vorübergehen schnell und gerne ein Glas bodenständigen Weines getrunken. Der kommt dann aus dem Soave oder dem Valpolicella. Die Ansprüche schienen mir hier höher zu sein als in den vorhin erwähnten Weinregionen.

Provinz Treviso

Die Heimat des Prosecco

Im Veneto, jener italienischen Region, deren Hauptstadt Venedig ist, finden wir die wahre Heimat des Prosecco. Seine Hauptanbaugebiete liegen auf den malerischen Hügeln zwischen den Städten Conegliano und Valdobbiadene, in der Provinz Treviso.

Etwa 30 km nördlich von Treviso ziehen sich auf teils sanften Hügeln die Weingärten hin. Doch in manchen Orten erinnern die Anbauflächen an die Steilheit der Weingärten in der Steiermark, der Wachau oder am Rhein. Im Norden schaffen dazu an klaren Tagen die Ausläufer der Alpen einen imposanten Kontrast und Hintergrund.

Das kleinere und westlich gelegene Städtchen Valdobbiadene gilt als Hauptort des Prosecco. Die größere Stadt am östlichen Ende der Hügel, Conegliano, hat dem Reisenden dafür optisch mehr zu bieten. Die Qualität des Prosecco ist da wie dort probierenswert.

Rund um das klassische Anbaugebiet des Prosecco sind interessante Ausflugsziele zu finden. Die Entfernungen zwischen den einzelnen Städtchen und Orten sind eher gering. Zu empfehlen wäre die Grappa-Metropole an der Brenta Bassano del Grappa. Namensgeber ist hier jedoch nicht das vielgetrunkene und gerne verkaufte Destillat, sondern der Hausberg Monte Grappa.

Auf dem Weg dorthin liegen dann auch Sehenswürdigkeiten wie die Villa Barbaro in Maser oder das malerische Städtchen Asolo. Letzteres beheimatete lange Jahre die große Schauspielerin Eleonora Duse. Sie war die Gefährtin des Schriftstellers und Nationalhelden Gabriele D`Annunzio. Noch heute erinnern im Stadtzentrum ein Denkmal und die Casa Duse an die große Dame. Asolo kann für sich in Anspruch nehmen, das wohl schönsten Hügelstädtchen des Veneto zu sein.

Heiß umkämpft war im Ersten Weltkrieg die Piave-Front und mit ihr der sich von Osten nach Westen hinziehende Höhenrücken namens Montello. Monumentale Kriegerdenkmäler, alte Stellungen, Geschütze oder das Grab des ersten als Helden gefeierten italienischen Fliegers, Francesco Baracca, sind dort zu finden.

Wer mit dem Namen Treviso nur die Modemacher Benetton, die Rennräder von Pinarello oder den typischen Radicchio in Verbindung bringt, der wird beim Anblick der alten Stadtmauer und der vielen Kanäle eine optische Überraschung erleben. Denn die Provinzhauptstadt mit den zahlreichen potenten Wirtschaftsbetrieben hat ihren Besuchern im kleinen, historischen Zentrum neben kulinarischen Erlebnissen auch romantische Facetten zu bieten.

Die Stadt Vittorio Veneto besteht seit 1866 aus den ehemals benachbarten Orten Serravalle im Norden und Ceneda im Süden. Vittorio Veneto wurde nach einer kriegerischen Zeit zu Ehren des italienischen Königs errichtet. Heute haben wir als Reisende schönere, lohnendere und vor allem auch friedlichere Gründe zum Bereisen dieser Region. Zu diesen Gründen gehören nicht zuletzt die Schätze aus Küche und Keller.

Je nach Wohnort bieten sich für die Reise in die Heimat des Prosecco drei Hauptrouten an. Im Osten führt die Autobahn durch Kärnten und Friaul in das Veneto. Direkt von Norden nach Süden zieht sich eine zwar mühselig zu fahrende, aber sehenswerte Route durch Ost- und Südtirol und das Tal des Piave zum Prosecco. Im Westen ist auch in diesem Falle die Brennerautobahn ein schneller Zubringer. Natürlich gibt es für jene, die Zeit haben, zahlreiche andere sehens- und fahrenswerte Varianten.

Das flüssige Gold des Veneto

Schon seit den achtziger Jahren des vergangenen Jahrhunderts behauptet sich das Glas Prosecco im deutschsprachigen Raum als sogenanntes In-Getränk. Damenrunden genießen das perlende Gold aus dem Veneto schon am Vormittag. Schließlich wird ihm eine belebende Wirkung

auf Kreislauf und Stimmung nachgesagt. Die Herren finden vielerlei Anlässe, um mit Prosecco anzustoßen. Gesellschaftsfähig ist das leicht perlende Getränk aber auch bei Festen und Bällen. Viele genießen ihn als Aperitiv.

Wenn in unseren Breiten vom Prosecco die Rede ist, dann denken viele an die Variante Frizzante. Nicht alle wissen, dass es sich bei Prosecco in erster Linie um eine Rebe handelt. Aus dieser Rebe werden ein leichter Wein, der zart perlende Frizzante, der etwas forschere Spumante (Sekt) und ein wohlmundender Grappa gewonnen. Wird statt des Tresters die Maische destilliert, dann nennen die Italiener das Destillat nicht Grappa, sondern Aquavite. Der schmeckt etwas weicher und samtiger.

Tranquillo, der Stille, so nennt man im Veneto den Prosecco Wein. Er wird tagsüber in den Cafes, Trattorie, Bars und Osterie schnell einmal im Stehen bei einem kurzen Plausch getrunken. Etwa so wie im benachbarten Friaul der Tocai oder der Merlot.

Der meistgetrunkene Prosecco ist auch im Veneto der Frizzante. Bevorzugt man ein perlenderes Trinkerlebnis, dann bietet sich der Spumante an.

Zwischen Conegliano-Ost und Valdobbiadene-West wird in 15 Gemeinden auf insgesamt rund 3.900 Hektar von 3.167 Grundbesitzern und Weinbauern auf meist sehr kleinen Flächen Prosecco angebaut. Diese 15 Gemeinden sind Conegliano, S. Vendemmiano, Colle Umberto, Vittorio Veneto, Tarzo, Cison di Valmarino, Follina, Miane,

Vidor, Valdobbiadene, Farra di Soligo, Pieve di Soligo, Refrontolo, S. Pietro di Feletto und Susegana. Von den vielen »Weinbauern« in diesen Gemeinden stellen nur 90 das sprudelnde Gold des Veneto her. Das bedeutet, dass die meisten Grundbesitzer und Weinbauern nur als Zulieferer für die großen Produzenten fungieren. Bei vielen Bauern ist die Anbaufläche einfach zu klein, um selbst einen aufwendigen Kellereibetrieb zu erhalten. Von den 90 Herstellern des Prosecco wiederum produzieren 40 auf dem Gemeindegebiet von Valdobbiadene. Das ist auch der Grund dafür, dass Valdobbiadene einen höheren Stellenwert als das weit größere Conegliano besitzt. Manche meinen auch, dass die Qualität in und um Valdobbiadene um die berühmte Nuance höher sei.

Die Jahresproduktion des perlenden Goldes beträgt in guten Jahren so um die 36.000.000 Bouteillen. Etwa 60 bis 65 Prozent der Produktion werden zu Spumante verarbeitet. Der Anteil des Frizzante liegt bei 25 bis 30 Prozent. Nur 3 bis 5 Prozent der Produktion werden als Tranquillo abgefüllt. Der Alkoholgehalt beim Prosecco soll sich um die 11 Grad bewegen, beim Cartizze Superiore um 11,5 Grad.

Im Gegensatz zum großen Bruder Champagner wird der perlende Prosecco nach der Charmat-Methode gewonnen. Das heißt, er wird nicht händisch gerüttelt und nicht in der Flasche geadelt, sondern im Tank vergoren. Unter Druckausgleich kommt er dann in die Flaschen. Inzwischen beginnt man, diese Methode, nicht ohne einen gewissen Anklang von Nationalstolz, als *Metodo italiano* zu bezeichnen.

Prosecco ist eigentlich ein sortenreines Getränk. Da gibt es normalerweise keinen Verschnitt mit anderen Reben oder mit anderen Jahrgängen. Beizeiten werden aber in geringen Mengen Pinot Bianco oder der Stolz des Ortes Refrontolo, der Verdisio, beigemengt. Diese Rebsorten geben dem Prosecco mehr Struktur.

Trägt die Flasche die Bezeichnung IGT, dann darf der Prosecco Trauben aus dem ganzen Veneto enthalten. Steht die Bezeichnung IGT Marca Trevigiana oder IGT Colli Trevigiani drauf, dann kommen die Trauben ausschließlich aus den Kerngemeinden des Prosecco.

Für den IGT können je Hektar stattliche 25.000 kg Trauben verarbeitet werden. Da steigt Edelwinzern andernorts das Wasser in die Augen. Beim Prosecco mit der Bezeichnung DOC werden maximal 12.000 kg Trauben je Hektar verarbeitet. Auch das überschreitet den Hektarertrag von Winzern, die Spitzenweine auf den Markt bringen, noch um das Doppelte.

Das Geschäft mit dem perlenden Gold lief in den letzten Jahren sehr gut. Das ruft Nachahmer auf den Plan. Deshalb wird längst auch in anderen Regionen, zum Beispiel im benachbarten Friaul, Prosecco fabriziert.

Nett finden viele Konsumenten den Gag mit dem Spagatverschluss, landesüblich Spago genannt. Tatsächlich werden diese Flaschen jedoch maschinell verkorkt. Den Spagat knüpfen meist flinke Frauenhände im Akkord auf den Stoppel. Die schnellsten schaffen 300 bis 400 Flaschen pro Stunde. Der Spagat bringt zum Beispiel in Österreich steuerliche Vorteile.

Wer frischen Prosecco probieren möchte, sollte nicht vor Februar oder März in die Heimat des Prosecco reisen. Denn erst in den späten Wintermonaten wird das erste Gold des Veneto bei den guten Produzenten in Flaschen gefüllt. So mancher Winzer verzichtet sogar auf eine eigene Abfüllanlage. Mobile Flaschenfüllanlagen erledigen in kürzester Zeit die Arbeit für das ganze Jahr. Da kann es schon vorkommen, dass man am Tage des Abfüllens ein wenig ungelegen zum Winzer seiner Wahl kommt. Doch zeigt sich der Kunde geduldig, dann findet sich schon ein Familienmitglied, das den Gast aus dem Norden mit dem Gewünschten versorgt. Die telefonische Voranmeldung ist ohnehin anzuraten.

Castello San
Salvatore der
Grafen von
Collalto

**Fresken in der
Pieve di S. Pietro
(12./13. Jh.) in S.
Pietro di Feletto**
(oben); **kleine
Osteria – gute
Stimmung** (unten)

Prosecco-Frizzante bzw. -Spumante sind sehr preiswerte Gaumenkitzler geblieben. Wer zum Verkosten in die Region kommt, sollte sich auf der Anreise keinen geschmacksintensiven kulinarischen Genüssen hingeben. Denn der perlende Prosecco verlangt nach einem sensiblen Gaumen. Der Verzehr von scharfen oder sauren Gerichten bzw. das Trinken von Grappa oder einem der diversen italienischen »Magentröster«, die allerorts serviert werden, können den Geschmackssinn doch sehr trüben. Wenn man es auch selbst nicht glauben möchte. Auch beim Prosecco gilt die Verkostungsregel: Die Stillen und Leichten zuerst. Grappa oder Aquavite sollten die Verkostung erst krönen.

Wer glaubt, dass er in der Heimat des Prosecco allerorts auf köstliche Produkte aus der Rebe des Landes stößt, der wird schnell eines Besseren belehrt. Nicht alles, was golden im Glase glänzt, ist probierenswert. Die meisten von uns haben diese Erfahrung ja auch schon daheim beim Wirt ums Eck gemacht.

Guter Prosecco-Frizzante schäumt nicht wie Sekt, ist nicht geschmacksneutral und schmeckt auch nicht so fad wie abgestandenes Wasser. Guter Prosecco zeichnet sich durch seine Frische und seinen Muskat-Duft, durch Nuancen von Zitrusfrüchten oder Äpfeln aus. Beim Cartizze kommt noch, wie schon erwähnt, die elegante Süße dazu. Übrigens: Prosecco wird weder als Frizzante noch als Spumante mit Orangensaft gestreckt. Wer es trotzdem tut, verdirbt sich viel.

DER CARTIZZE

In den Hügeln östlich von Valdobbiadene gibt es einen Landstrich mit tiefroter Erde. Prosecco, der auf diesem Boden wächst, zeichnet sich durch eine besondere Fülle im Geschmack und durch mehr Zuckergehalt aus. Dieser Prosecco trägt die Zusatzbezeichnung Cartizze. Er wird in dem kleinen Gebiet zwischen S. Pietro di Barbozza, S. Stefano und der Gemeinde Valdobbiadene auf etwa 106 Hektar Rebfläche angebaut. Über 135 Aziende Agricole ziehen Trauben für den Cartizze. Doch auch hier gibt es nur wenige Hersteller, und den meisten Winzern kommt nur die Rolle des Zulieferers zu. In einem guten Jahr gewinnt man in diesem kleinen Gebiet so um die 8.000 Hektoliter des Prosecco Superiore di Cartizze.

RADICCHIO ROSSO – DAS SALATGEMÜSE AUS TREVISO

Fährt man zwischen Dezember und Februar durch die Altamarca, sieht man am Straßenrand oft fahrende Kaufleute mit ihren Verkaufsständen stehen. Sie bieten dort Zitrusfrüchte aus Sizilien und/oder frischen Radicchio rosso aus der Region zum Verkauf an. Neben dem flüssigen Gold des Veneto ist dieses rote Salat-Gemüse wohl eines der beliebtesten Gewächse der Provinz Treviso.

Eine Sorte wird bereits im Oktober geerntet. Den kulinarisch bedeutenderen Radicchio rosso ziehen die Gärtner und Bauern allerdings erst Anfang November aus der Erde. Neben speziellen Behandlungsmethoden sind vor allem die klimatischen Bedingungen, die Reifung im Quellwasser und die Qualität des an Torf reichen Bodens für den besonderen Genuss verantwortlich.

Nach der Ernte samt den Wurzeln wird der Radicchio rosso vorerst dunkel gelagert. Später legt man ihn in frisches Quellwasser. Dabei entwickelt sich im Kern des Schopfes das begehrte helle Herz mit den roten Blättern. Danach erfolgt die Trocknung. Auf traditionelle Weise geschieht dies unter Laub. Dabei verwandelt sich das Grün der Blätter langsam in das typische, kräftige Rot. Verkaufsfertig ist der Radicchio rosso nach dem Entfernen der äußeren Blätter, der Säuberung der Wurzeln und dem Freilegen des knackigen Herzens.

In den gastronomischen Betrieben kommt uns der Radicchio rosso in verschiedensten Variationen unter das Besteck. Sei es als Salat, in gegrillter Form, als Farb- und Geschmackgeber im Risotto, im Sugo über Nudel gegossen, im Auflauf, in den Gnocchi, in Pasteten und sogar im Kuchen. Feinschmecker schätzen seinen intensiven Geschmack.

Verkauft wird der rohe Radicchio rosso an den schon erwähnten Verkaufsständen an der Straße, auf Wochenmärkten, in Gemüse- und Obstgeschäften oder im Lebensmittelhandel.

Ein Land, das soviel Kraft ausstrahlt, hat kulinarisch auch allerlei andere Köstlichkeiten zu bieten. Da wäre neben dem Radicchio noch der Spargel zu erwähnen. Er wird im Frühjahr auf verschiedenste Arten zubereitet. Pilze, kräftiger Käse, die Edelkastanien, deftige Würste, wildes Federvieh wie die Rebhühner oder der Fasan, die stets vorlauten Perlhühner, Forellen, gut durchgebratene gemischte Spieße vom offenen Feuer mit Stücken vom Huhn, Kaninchen, Schwein, Rind oder Kalb und in Begleitung eines weichen Polentaflan gehören zu den weit verbreiteten Spezialitäten des Landstriches.

Eine wahre Fundgrube für Liebhaber regionaler Spezialitäten ist zum Beispiel der montags abgehaltene Wochenmarkt in Valdobbiadene.

PROVINZ TREVISO

Conegliano

Wenn wir den feinen Rebsäften des Veneto auf dem Weg der Sonne folgen wollen, dann ist die Stadt Conegliano mit ihren 36.000 Einwohnern, nördlich von Treviso gelegen, ein wunderbarer Ausgangspunkt für eine optische und kulinarische Sinnesreise.

Am schönsten präsentiert sich Conegliano dem Reisenden von Süden her. Wie ein mächtiger Eckpfeiler begrenzt die Stadt die Prosecco-Colli nach Osten hin. Die Colli ziehen sich von hier bis hinüber in das etwa 35 Kilometer westlich gelegene Valdobbiadene. Diese beiden Städtchen sind Namensgeber und Herkunftsbezeichnung für die vielen in Flaschen gefüllten, perlenden Erlebnisse aus diesen grünen Hügeln.

Was Conegliano schon von weitem optisch verspricht, das hält auch die Innenstadt mit ihren manchmal stillen Gassen, Plätzen, schattigen Arkaden und erholsamen Terrassen. Der Übergang von stiller Gasse zu lauter Durchzugsstraße ist oft messerscharf und desillusionierend. Doch diese Zeichen unserer mobilen Zeit muss auch eine alte Stadt wie Conegliano zur Kenntnis nehmen.

Der Reisende muss allerdings nicht sonderlich gut zu Fuß sein, um das historische Zentrum zu erkunden. Es lauern ohnehin genügend gastronomische Versuchungen in der Innenstadt und verführen ihn zu beschaulicher Einkehr, Verkostung und kurzer Erholung. Auch dem Kulturinteressierten werden keine weiten Wege auferlegt.

Die Stadt Conegliano ist stolz auf ihren großen Sohn, den Maler Giovanni Battista Cima, der um 1460 bis 1517/18 lebte. Von ihm stammen unter anderem die Altartafeln im Dom.

Besuchens- und sehenswert sind überdies der Pferdebrunnen (Fontana dei Cavalli) auf dem Corso Vittorio Emanuele und der Kleine Platz (Campiello) mit dem Saal der Gegeißelten (Sala dei Battuti), wo Gemälde von Francesco da Milano zu sehen sind.

Giovanni Antonio Pordenones Gemälde Heiliger Märtyrer und die Heilige Caterina (1514) sind im Stadtmuseum zu besichtigen.

Beim Bummel durch die Gassen trifft man über die Calle degli Asini kommend auf das östlich gelegene, mit Fresken geschmückte Monticano Tor.

Die zentral gelegene Piazza Cima wird vom Teatro Accademia beherrscht. Diese Piazza ist für die kulinarisch wie kulturell Interessierten der Mittelpunkt Coneglianos schlechthin. Die Piazza Cima ist am ersten Sonntag im Oktober Schauplatz eines in mittelalterlichen Gewändern durchgeführten Dame-Turniers, genannt La Dama castellana. Mit lebenden Figuren werden dabei auf dem Steinboden der Piazza, der einem überdimensionalen Damebrett gleicht, die Szenen der Schlacht gegen Treviso im Jahre 1241 nachgestellt. An diesem Turnier nehmen Gruppen der verschiedenen Stadtbezirke Coneglianos teil. La Dama castellana ist gewissermaßen, ich nenne es einmal ganz frech und salopp so, ein Palio ohne lebendes Pferd, ganz nach Art der Coneglianer. Die Gewinner des Turniers bekommen symbolisch die Stadtschlüssel überreicht. Die Verlierer werden gezwungen, die Schlossherrin auf einem zweirädrigen Wagen über die sehr steile und schweißtreibende Straße zum Schloss hinauf zu transportieren. Dieses Fest findet unter Teilnahme von Gruppen in historischen Kostümen, die aus verschiedenen italienischen Städten kommen, statt. Umrahmt wird es von Fahnenschwingern, historischen Tänzen und Gerichten. Dazu trinkt man selbstverständlich den perlenden Rebensaft aus den nahen Hügeln.

Gerne wird auch darauf hingewiesen – und das ist ja für einen Reiseführer dieser Art von besonderer Bedeutung –, dass Conegliano Sitz der ältesten italienischen Schule für Weinbaukunde ist. Schon seit 1876 wird in der hiesigen Weinbauschule önologisches Wissen gezielt weitergegeben.

Kulinarische Genüsse werden in Conegliano vorwiegend in der erwandernswerten und die Piazza Cima begrenzenden Via XX. Settembre geboten. Die langen Arkadengänge machen diese Flanierstraße auch bei Schlechtwetter besuchenswert. Kleine Gemüseläden, Fisch- und Buchgeschäfte, Galerien und Cafes sind hier zu finden. Schön ist es, in den zentralen Arkaden südlich der Piazza Cima im Cafe Padova zu sitzen und hinunter auf das hektische Treiben der Stadt zu blicken. Doch das Zentrum hat noch andere besuchenswerte Adressen zu bieten.

Ristorante Citta di Venezia. *Citta di Venezia, der Name scheint Verpflichtung zu sein. Fisch und Früchte des Meeres geben in diesem elegant ausgestatteten Ristorante kulinarisch den Ton an. Wer mag, speist draußen auf der kleinen Terrasse über der Via XX. Settembre. Dort werden auch die jeweiligen Gerichte des Tages auf einer schwarzen Tafel angekündigt.*
Trattoria–Osteria Oca Bianca. *Weil wir schon im Land der gepflegten Osteria-Kultur unterwegs sind, sei auch diese neue, neben dem Dom befindliche Osteria erwähnt und empfohlen. In der »Weißen Gans« kann auf der Terrasse über der Straße oder drinnen im gepflegten Lokal mit alten, bestens erhaltenen und restaurierten Stilelementen Typisches genossen werden. Gemeint sind etwa 30 regionale Weine, geschmackvoll Perlendes aus den Hügeln der Umgebung und warme Fritatta con cipolle (sehr lockeres Omelette mit*

Ristorante Citta di Venezia
Via XX. Settembre 77–79
Conegliano (TV)
Tel. 0438/23186
Sonntagabend und Montag geschlossen

Trattoria–Osteria Oca Bianca
Via XX. Settembre 17
Conegliano (TV)

Zwiebeln), Brötchen, Würste und Käse sowie nach Absprache warme Gerichte.

Ristorante Tre Panoce. *Man umfährt Conegliano im Süden auf der SS 13 Richtung Treviso. Immer wieder zeigen Hinweisschilder den Weg zum Restaurant mit den drei markanten Maiskolben. Das schaut nach schwerer Küche aus. Muss es aber nicht sein. Denn leicht und bekömmlich sind die Risotti mit Pilzen oder Gemüse, die geräucherte Entenbrust mit Spargel. Bei den Weinen gibt es ein wöchentlich wechselndes Angebot.*

Über die »Strada del Prosecco«

Die Besichtigung der Sehenswürdigkeiten oben auf dem Hügel über der Stadt muss vom Reisenden nicht so mühevoll in Angriff genommen werden, wie dies den Verlierern des historischen Dame-Spieles aufgezwungen wird. Als Tourist besteigt man dafür am besten wieder sein Auto. Coneglianos Stadtzentrum ist schließlich vom Osten her auch der schönste Ausgangspunkt für die Fahrt entlang der 33 Kilometer langen »Strada del Prosecco«.

Man fährt hinauf zum Castello. Dort drängt sich ein Spaziergang im blumengeschmückten Schlosshof förmlich auf. Weit schweift der Blick über das Land und hinauf zu den Voralpen. Ein Museum wartet im Castello auf Besucher. Wer will, kann sich in der kleinen Cantina stärken und das perlende Gold der Altamarca verkosten. Die enge Porta di Ser Bele führt den Reisenden dann nach Westen hin und hinaus in die Hügel des Prosecco.

Man kann selbstverständlich die einzelnen Orte des Prosecco-Gebietes auf Straßen südlich oder nördlich der Hügel schneller erreichen, doch die Schönheiten des Landes sind von oben besser zu sehen. Außerdem führt diese kurvenreiche Straße mitten in das Herz der Prosecco-Hügel. Das perlende Gold des Veneto kann in kleinen Osterie oder sogar bei Winzern entlang der Straße verkostet und gekauft werden.

WEINTIPPS:

Carpene Malvolti
Conegliano (TV)
Tel. 0438/364611

Masottina Spa.
Via Custoza 2
Conegliano (TV)
oder

Cantine und Büro
Via Brandolini 54
Castello Roganzuolo
S. Fior (TV)

SEHENSWERTES:

Museo Civico
Piazzale Castelvecchio
Conegliano
Montag geschlossen

Casa di
Giambattista Cima
Via Cima 24
Conegliano
Samstag und Sonntag
am späten Nachmittag
oder nach Anfrage

Die Strada del Prosecco ist oftmals sehr schmal. Deshalb empfiehlt es sich als Autofahrer, da und dort Stopps für die Landschaftsbesichtigung einzulegen. Denn schon so mancher Fremde ist ob des Augenschmauses seinem Vordermann aufgefahren oder hat ungewollt den rechten Weg verlassen. Und außerdem sind italienische Autofahrer hier gerne im Stile eines Ferrari-Piloten unterwegs.

Will man dem Verkehrsstau in und um Conegliano entgehen, so kann man dies, zum Beispiel bei der Anreise von Osten her, gut mit dem Ausweichen auf die Strecke über Vittorio Veneto und Refrontolo tun. Doch die Fahrt durch Conegliano und über die Hügel ist sehr abwechslungsreich und bietet prächtige landschaftliche Eindrücke.

In S. Pietro di Feletto steht auf einem Hügel gleich neben der Straße die tausendjährige Pieve di S. Pietro. Die kleine, besuchenswerte Kirche soll an Stelle eines heidnischen Tempels errichtet worden sein.

Den rechten Weg sollten die Reisenden in Refrontolo für einen kleinen Abstecher zur Molinetto della Croda, einer alten Mühle mit Kaskaden, verlassen. Mitten im Grünen lässt es sich kühl und gemütlich verschnaufen. Die beschilderten Abzweigungen sind recht zentral vor und hinter der Antica Osteria Al Forno zu finden.

»MOLINETTO CRODA A REFRONTOLO«

Gleich hinter der oben erwähnten Osteria führt eine schmale Straße hinaus zu einer werktags recht lauschigen und sehenswerten Mühle an einem Wasserfall. Die Straße zur »Molinetto Croda a Refrontolo« ist gut beschildert. Die Sehenswürdigkeit im Wald gilt auch als ein lohnendes Ziel für Radler und fleißige Wanderer.

Antica Osteria Al Forno. *Wie schon erwähnt, steht gleich neben der Straße diese in blassem Rot gehaltene Osteria. Ihr Interieur wird dem Namen gerecht. Die museale Einrichtung*

PROVINZ TREVISO

Ein kühler Platz
zum Verweilen –
die Molinetto
della Croda bei
Refrontolo

Künstler ge-
stalten für das
Weingut »Casa
Coste Piane«
originelle
Etiketten.

und der zentral positionierte Kamin zaubern Gemütlichkeit in das kleine Lokal. Gleich beim Eingang plaudern die Einheimischen. In den hinteren Räumlichkeiten macht der Duft des Gegrillten vom offenen Kamin Appetit auf mehr. Perlhuhn, saftige Stücke vom Schwein und Rind werden dort zubereitet. Dies harmoniert mit der Pasta, dem Gemüse und den Pilzgerichten des Hauses. Zum Dessert sollte ein Marzemino di Refrontolo probiert werden.

DAS WEINFEST IN REFRONTOLO

Der öffentliche Parkplatz vor der Osteria ist der ideale Ausgangspunkt für einen Besuch des Weinfestes in Refrontolo. Unter dem Titel »Primavera del Prosecco« gehen an den Wochenenden ab Mitte April bis Anfang Mai Feste, die ganz im Zeichen des süßen örtlichen Weines stehen, in Szene. Den Rahmen für diese Feste bildet der Garten einer Villa in der Nähe des Parkplatzes. Zu Fest-Zeiten ist der Zugang durch zahlreiche Fähnchen gut markiert.

Soligo, Pieve di Soligo, Farra di Soligo

Ein gutes Stück nach Refrontolo verlässt die Strada del Prosecco die Hügel und führt den Talboden entlang in Orte wie Soligo, das sich an die steilen Hänge schmiegt, nach Pieve di Soligo, dem wirtschaftlichen Zentrum und nach Farra di Soligo, das ebenfalls an den steil nach Süden abfallenden Hängen des Prosecco-Gebietes liegt. Der Name Farra dürfte langobardischen Ursprungs sein. Heute dominieren hier Industrie, Gewerbe und natürlich Winzer mit oftmals schön restaurierten Höfen. Das Dorf Solighetto beherbergt in der Villa Brandolini das »Consortio di Tutela del Prosecco Conegliano Valdobbiadene«.

Oberhalb von Soligo bietet der Colle di San Gallo die Möglichkeit eines aussichtsreichen Spazierganges. Die steile Auffahrt führt auch an der Tenuta San Gallo und dem Ristorante Casa Rossa vorbei.

WEINTIPPS:

Astoria Vini
Via Crevada
Refrontolo (TV)

oder

Via Antonini
Crocetta del Montello
Tel. 0423/665042

Sanfeletto
S. Pietro di Feletto (TV)
Tel. 0438/486832

Italo Roberti
S. Pietro di Feletto (TV)

Locanda Albergo da Lino. *Im Herzen des Prosecco-Gebietes, liegt an der Straße die nach Follina führt, der mächtige Bau dieses gastlichen Hauses. Es bietet einen sehr stilvollen Rahmen. Einst verkehrte hier die italienische Gesellschaft wie der Schauspieler Marcello Mastroiani. Der Weg ins Restaurant führt den Gast durch sehenswert, edel gestaltete Räumlichkeiten. Kulinarisch werden mehrere Schienen bedient. Sehr üppig zeigt sich die regionale Küche. Vor allem wenn man sich für das Degustationsmenü entscheidet. Viele Teigwaren, wie etwa die für das Veneto typischen Bigoli, sind hausgemacht. Am Donnerstagabend kommt die Fischküche mit einer beachtlichen Vielzahl an Gerichten zu ihrem Recht. Dann spannt sich der kulinarische Bogen der Locanda vom Parma Schinken oder Büffel-Mozzarella, Tagliatelle mit Almkäse der Region über mancherlei Fleischgerichte bis hin zu den Scampi istriani ai ferri oder Astice ai ferri. Beachtliches hat auch die Cantina des Hauses zu bieten. Das Weinangebot umfasst so um die 500 Etiketten aus Italien und anderen wichtigen Weinländern. Wer zu viele Weine probiert, kann hier gleich übernachten.*

Ristorante Casa Rossa. *Wie ein Schwalbennest mutet dieses Restaurant mit angeschlossenem Weinbaubetrieb namens San Gallo im steilen Südhang oberhalb von Soligo an. An klaren Tagen kann der Gast weit ins Land hinaus Richtung Venedig schauen. Bei rechtzeitiger Anmeldung gibt es vorweg eine Führung in den 200 Meter in den Berg getriebenen Lagerkeller der Tenuta San Gallo. Danach schmeckt das kräftige Mahl um so besser. Über dem Feuer im offenen Kamin locken die Fleischspieße mit Teilen vom Hühnchen, Kalb, Schwein und Kaninchen. Die Bedienung der Gäste liegt vorwiegend in den Händen von Familienmitgliedern. Im Sommer wird auch der große gemauerte Ofen im Garten für*

Locanda Albergo da Lino
Via Lino Toffolin, 3
Solighetto (TV)
Tel. Restaurant 0438/82150
Tel. Hotel 0438/842377
Montag Ruhetag

Ristorante Casa Rossa
San Gallo di Soligo (TV)
Tel. 0438/840131
Mittwoch und Donnerstag geschlossen

WEINTIPPS:

Case Bianche
Pieve di Soligo (TV)
Tel. 0438/841608

Merotto
Farra di Soligo (TV)
Tel. 0438/898195

das Braten des Fleisches genutzt. Der Chef persönlich kommt dann mit der großen Kasserolle zum Tisch. Interessante Beilagen sind das Pasticcio von Artischocken oder vom Radicchio rosso. Auch der Wagen mit Salaten und Gemüse kann sich sehen lassen. Eine Sünde sind die Süßspeisen des Hauses wert.

Tenuta San Gallo. Restaurant Casa Rossa und Weinbaubetrieb San Gallo firmieren unter der selben Adresse und liegen im Besitz der Familie Dario Vizzer. Probierenswert sind hier der fruchtige Prosecco tranquillo, der Frizzante und der Spumante San Gallo Gran Riserva. Drei Jahre reift das Ausgangsprodukt, ehe es ein sechsmonatiges Rotationsprogramm durchmacht, um so zum edlen Spumante Riserva zu werden. Prominente Gäste und Genießer der perlenden Vizzer`schen Weine waren Papst Johannes Paul II. und Italiens Schi-Ass Alberto Tomba.

COL SAN MARTINO

Auf dem Wege von Farra di Soligo nach Valdobbiadene, oder auch umgekehrt, darf auf einen Abstecher in den Weinbauort Col San Martino nicht vergessen werden. Das Ortsbild überragt die kleine romanische Kirche San Vigilio. Auf der Sonnenseite schmiegt sich ein Ortsteil ganz nah an die grünen Weinhügel, und genau dort wird der Suchende fündig.

WEINTIPP:

Tenuta San Gallo
San Gallo di Soligo (TV)
Tel. 0438/840131
Mittwoch und Donnerstag geschlossen

Locanda da Condo. Schmale Straßen führen zu dieser Locanda, die unter den sanften Weinhügeln liegt. Da stellt sich die Frage: Sollte man sich als Schlemmermäulchen nicht gleich in der Nähe einquartieren, wenn zur lieblichen Wein-Landschaft auch noch ein so originelles, kulinarisches Angebot hinzukommt? Die Betreiber der Locanda zeigen sich sehr engagiert und bieten deutschsprachige Bedienung. Das kulinarische Angebot ist bodenständig und wird doch ideenreich

Locanda da Condo
Via Fontana 134
Col San Martino (TV)
Tel. 0438/898106
Mittwochabend und Donnerstag geschlossen

37

Die ersten Triebe eines neuen Pro-secco-Jahrganges

zubereitet. *Dazu gehören gemischte Spieße, die Ente in Rotweinsauce, Gnocchi mit Ricotta und die klassische pasta e fagioli (Nudel mit Bohnen). Gemütlich sind die vier Speiseräume. Sie strahlen sogar eine gewisse Intimität aus. Zum Beispiel der Raum mit dem Fogolar. Eine Krönung des Besuches kann der Abstecher in die originelle, hauseigenen Cantina sein.*

Azienda Agricola Andreola. *Ein Einkaufstipp für Weininteressierte ist diese Azienda des ehemaligen Radrennfahrers Nazzareno di Pola. Direkt bei der Scuola Materna biegt man nach Süden hin ab und findet dann linker Hand seine Azienda, die er gemeinsam mit Sohn Stefano betreibt. Die Chefin Ingrid ist Südtirolerin und berät kompetent in Deutsch. Zur Auswahl stehen alle Spielarten des Prosecco, einige sind sogar prämiert, ein probierenswerter Cabernet Franc aus eigenen Gärten im Piave Gebiet und eigene feine Grappa.*

WEINTIPPS:

Azienda Agricola Andreola
Nazzareno di Pola
Via Cal Longa 52
Col San Martino 52 (TV)
Tel. 0438/989379

Cantina Adamo Canel
Via Castelletto 73
Col S. Martino
Tel. 0438/898112

Von Col San Martino erreicht der Reisende mit dem Auto in kurzer Zeit über Vidor die kleine, aber bedeutende Prosecco-Metropole Valdobbiadene. Da ihm bis dorthin, gastronomisch betrachtet, kein originelleres und besseres Angebot begegnen wird, sei ihm die Einkehr in Col San Martino besonders empfohlen.

Rundreisen und Seitensprünge

Von Soligo führt eine Straße Richtung Norden zwischen den steilen Bergen hindurch nach Follina. Der Ort ist wegen des alten Zisterzienser-Klosters sehens- und wegen seiner Enoteca besuchenswert. Follina liegt im oberen Tal des Flusses Soligo, über dem in Cison di Valmarino stolz das Castello di Brandolini thront. Von Follina lassen sich nach Osten und nach Westen hin kurze Rundreisen oder Radtouren machen. Im Osten warten die beiden kleinen, verträumten und stillen

Laghi di Revine mit ihren Seerosen, Vittorio Veneto, oder die tunnel- und kehrenreiche Auffahrt zum Passo di S. Boldo, der auf 706 Meter Seehöhe liegt. Diese ehemalige Kriegsstraße ist heute bestens ausgebaut. Immerhin 18 Kehren und einige ampelgeregelte Tunnel führen recht spektakulär auf den Pass. Ausgangspunkt für die Auffahrt ist der kleine Ort Tovena auf 236 Meter Seehöhe.

Vittorio Veneto

So mancher erfahrene Italienreisende kann sich noch an das Nadelöhr Vittorio Veneto, Stauzone und Hindernis auf der langen Reise ans Meer durch das Tal der oberen Piave, erinnern. Die engen Gassen mit ihren zahlreichen historischen Bauten mit morbiden Fassaden bleiben auch lange nach dem Bau der Autobahn in Erinnerung. Für jene, die aus dem Süden und Osten Österreichs in die Heimat des Prosecco reisen, ist Vittorio Veneto heute eine Möglichkeit, dem Verkehrsknotenpunkt Conegliano auszuweichen, um gleich über Valmarino oder Cozzuolo ins Prosecco-Land einzutauchen.

Das Städtchen Vittorio Veneto wurde im Jahre 1866, zum Gedenken an den gewonnenen Krieg, durch die Zusammenlegung der beiden benachbarten Orte Serravalle und Ceneda zu Ehren des Königs Viktor Emanuel II. gegründet. Es waren dies die frühen Jahre des Königreiches Italien. Dieser Stolz um den Namen lebte nach dem gewonnenen Ersten Weltkrieg erneut auf.

Die Fotomotive, die vielen morbiden mittelalterlichen Bauten, stehen in Serravalle. Am Corso Calgrande findet der Interessierte Bauten, die im venezianischen Stil des 16. Jahrhunderts errichtet wurden. Auch die Piazza Flaminio und die sie säumenden Palazzi sind eine bauliche Reminiszenz an das alte Venedig. Besonders ins Auge sticht hier die Serravalleser Loggia. Zu finden ist die Piazza gleich nach der Einfahrt durch das nördliche Stadttor.

Besuchenswert sind überdies die Kathedrale von Ceneda aus dem 13. Jahrhundert und das Museum, das an den Ersten Weltkrieg erinnert. Das Museo Cenedese beherbergt Gemälde von da Milano, Vecellio und Skulpturen von Casagrande. Oberhalb des Stadtteiles Ceneda ist das Castello San Martino weithin zu sehen.

Osteria Alla Cerva. *Auf dem schönsten Platz der Stadt ist diese Osteria zu finden. Deftige Suppen, Gulasch, »Trippe« (Kutteln), Baccalà und gebratene Ente werden hier serviert.*
Ristorante-Albergo Flora. *An der Viale della Vittoria liegt etwa 1 km südlich des Zentrums von Serravalle dieses gut beschilderte Albergo-Ristorante in der Bogengasse namens Viale Trento e Trieste. Fischspezialitäten werden hier, sehr kreativ zubereitet, serviert. Vor allem bietet das Restaurant die gute Möglichkeit, vor oder nach dem Eintauchen in die rustikale Küche der Heimat des Prosecco noch einmal leichte Spezialitäten zu genießen.*
Im Sommer ist die Terrasse ein guter Platz für die kulinarische Einkehr. Im Winter dient die hauseigene Cantina als Restaurant.

Wallfahrtskirche S. Maria in Follina

Selbst Menschen, die mit Kunst und Kultur wenig am Hut haben, machen gerne einen Abstecher in die mittelalterliche Abtei mit der Wallfahrtskirche S. Maria im Ortszentrum von Follina.

Die ersten Mönche hier waren die Benediktiner. Sie wurden im Jahre 1146 von den Zister-

Osteria Alla Cerva
Piazza Flaminio 8
Vittorio Veneto (TV)
Tel. 0438/57353
Dienstag Ruhetag

Ristorante-Albergo Flora
Viale Trento e Trieste 28
(Ceneda)
Vittorio Veneto
Tel. 0438/53625
Montag Ruhetag

SEHENSWERTES:

Museo della Battaglia
Piazza Giovanni Paolo 1
Vittorio Veneto (TV)
Dienstag bis Sonntag geöffnet

Museo Cenedese
Piazza Flaminio
Vittorio Veneto (TV)

ziensern abgelöst. Der Orden baute das Kloster Zug um Zug aus. Heute besitzt es den Status eines »Nationalen Monumentes« und gilt als eines der besterhaltenen Zisterzienserklöster Italiens.

Besonders sehenswert ist der romanische Kreuzgang aus dem 13. Jahrhundert im Herzen des Klosters. Er wurde, den Vorschriften der Zisterzienserarchitektur folgend, auf der Südseite der Basilika errichtet. Er ist quadratisch angelegt. In seiner Mitte befindet sich der traditionelle Brunnen. Der Kreuzgang selbst ist Zubringer zu verschiedensten Sälen und zur Sakristei.

Die dem Kreuzgang vorgelagerte, markante Loggia stammt aus dem 16. Jahrhundert.

Die im romanisch-gotischen Stil errichtete Basilika ist ein Bauwerk des 14. Jahrhunderts. Beachtenswert ist in ihr das Fresko »Madonna mit dem Kind in einer lieblichen venezianischen Landschaft« von Francesco da Milano, aus dem Jahre 1507, oder das Holzkruzifix aus dem 17. Jahrhundert.

Zu Beginn des 20. Jahrhunderts wurde der gesamte Komplex einer gründlichen Renovierung unterzogen.

Das ruhige Follina selbst ist ein guter Standort für Rundreisen zwischen Valdobbiadene, Conegliano und Treviso. Empfohlen sei ein Abstecher in das nahe Tal von Campea und Premaor, das über Miane und Follina erreichbar ist.

Gehobenen Ansprüchen wird in Follina das Hotel Villa Abbazia gerecht. Doch auch Zimmer auf Bauernhöfen sind zu bekommen.

Ristorante Al Caminetto. *Obwohl das Ristorante nur sehr diskret beschriftet ist, lässt es sich leicht finden, denn das Municipio von Follina liegt gleich nebenan, und der Vorplatz bietet abends auch gleich freie Parkplätze. Am besten erkennt man das Caminetto an seiner dunkelblauen Pergola.*

Zu den Spezialitäten des gemütlichen Ristorante zählen hausgemachte Pasta wie Ravioli mit Entenragout, die unverzichtbare Paste e fagioli, Gerichte mit Pilzen, Gegrilltes, Pollo (Huhn) oder Faraono (Perlhuhn). Beachtlich und verführerisch zeigt sich das Weinangebot. **Enoiteca Al Milani/Bever...in.** Nur ein paar Schritte weiter finden wir den Palazzo Milani und diese Enoiteca. Der Begriff Enoiteca kommt aus dem Griechischen und bedeutet Haus des Weines. Enoiteche sind seit Jahren grenzübergreifend organisiert. Ungewöhnlich wie ihr Name präsentiert sich diese Enoiteca auch im Inneren. Schon beim Eingang begrüßt den Gast ein Barrique-Fass, auf dem prominente Tröpferln aus verschiedenen italienischen Weinregionen stehen. Stark vertreten sind auch Destillate aus dem Friaul und dem Veneto. Eine mächtige u-förmige Theke gibt dem Lokal eine einladende Note, und rundherum befindet sich – man staune – das Restaurant. Lohnend ist der Besuch vor allem wegen der weit über 300 Weinsorten. Etiketten aus ganz Italien sind hier zu finden. Oftmals auch in Magnum-Größen. Bemerkenswert ist auch die Qualität der offerierten lokalen Weine aus den Colli Asolani, vom Piave oder aus der Breganze.

PROVINZ TREVISO

Ristorante Al Caminetto
Piazza Municipio 11
Follina (TV)
Tel. 0438/970402
Montag Ruhetag

Enoiteca Al Milani/Bever...in
Piazza IV. Novembre 21
Follina (TV)
Tel. 0438/971412
Geöffnet von 11.00–14.00 Uhr und von 18.00–01.00 Uhr
Montagabend und Dienstag geschlossen

Ein schöner Weg zum Cartizze

Im Ortszentrum von Follina teilt sich vor dem Kloster die Straße. Linker Hand biegt man, dem Hinweisschild folgend, nach Miane ab. Der Ort liegt nur 2 km westlich von Follina und beherbergt ein hervorragendes Restaurant. Folgt man jedoch der Straße weiter, so führt diese teils kurvenreich nach Combai. Rund um den kleinen Ort gibt es viele Maroni Bäume. Eine kulinarische Eigenheit des Dorfes ist die »marmelatta di marroni«. Diese Spezialität ist nur hier zu finden. Im Herbst stehen mehrere Wochenenden ganz im Zeichen der Feste rund um die edlen Baumfrüchte.

Durch Laubwälder führt uns das Asphaltband weiter zur »Strada del Vino Bianco«, die wieder-

Innenhof und
Kreuzgang des
Klosters in Follina.

um durch die Heimat des Cartizze und bis hinein nach Valdobbiadene führt. Spektakulär und se-henswert ist für den Neuankömmling auf dieser Strecke der spontane Übergang vom Wald zu den Weinbergen um Fol und S. Stefano.

Ristorante Da Gigetto. *Ein Meer von Blumen empfängt in der Vegetationsperiode den Gast. Stilvoll wie der Aufgang zeigen sich dann auch die einzelnen, oft recht intimen Räume. Unter mehr als 60 Kupferkesseln saß ich in einem der beinahe aristokratisch ausgestatteten Speiseräume. Mir gegenüber stand ein nackte Frau, die sich leider als Steinskulptur entpuppte. Die vornehme Wohnatmosphäre wird durch die zahlreichen Bilder, die von Feierlichkeiten und Genuss er-zählen, noch unterstrichen.*

Die Küche des Hauses kann mit dem Stil durchaus mithalten. Spezialitäten der Marca Trevigiana werden im »Da Gigetto« nach hauseigenem Stil neu und möglichst leicht interpretiert. Den jeweils aktuellen und auf dem Markt erhältlichen Produkten wird in der Küche Vorrang eingeräumt. Der aktuellen Tageskarte steht jeweils eine jahreszeitlich aktualisierte Karte gegenüber. Vor allem die Antipasti und Primi werden einfallsreich zu-bereitet.

Das Weinangebot ist umfassend, und um die Beratung kümmert sich der Chef persönlich. Das positive Gaumenerlebnis wird durch das zuvorkommende Service noch unterstrichen.

Osteria Al Contadin. *Dies ist die typische, rustikale Alternative zum vorhin beschriebenen Ristorante. Hier treffen sich die Einheimischen. Das Lokal selbst zeigt sich als Mischung aus Handwerksmuseum und Galerie samt Fogolar. Auf dem wird auch meist mindestens ein Gericht zubereitet. Das vorwiegend deftige Tagesmenü ist vorgegeben. Speisekarte wird keine gereicht. Die fremden Gäste sollten die Parkmöglichkeiten im Ortszentrum nützen und durch die engen Gassen die 150 Meter zur romantischen Osteria spazieren.*

Ristorante
Da Gigetto
Via de Gasperi 4
Miane (TV)
Tel. 0438/960020
Montagabend und
Dienstag geschlossen

Osteria Al Contadin
Via Capovilla 17
Combai

WEINE DER MARCA TREVIGIANA AN DER PROSECCO-WEINSTRASSE

Entlang der Prosecco Weinstraße, an ihren Nebenstraßen und in den Seitentälern werden auch andere Rebsorten angepflanzt. Frisch und trocken ist der Verdiso. Er erinnert im Geschmack an Äpfel. Lieblich (amabile) zeigt sich der Bianchetta. Die Frauen trinken gerne den perlenden Marzemino di Refrontolo. Er erinnert im Geschmack an Veilchen. Edler hingegen kommt uns der Incrocio-Manconi vor. Doch auch Sorten wie Merlot, Cabernet oder Pinot Bianco begegnen dem Weinfreund in der Heimat des Prosecco immer wieder.

Valdobbiadene

Valdobbiadene ist zwar die kleinere der beiden Prosecco Städte, doch dafür international wesentlich prominenter als Conegliano. Valdobbiadene gilt als die Hauptstadt des Prosecco. In und um das Städtchen ist eine große Anzahl von Prosecco Winzern und Kellereien zu finden. Heute ist es für uns unvorstellbar, dass dieser Ort im Finale des Ersten Weltkrieges bei den Kämpfen um Piave und Montello schwer zerstört wurde.

Heute wandern wir zum Glück nicht auf kriegerischen, sondern auf kulinarischen Spuren. Die meisten Prosecco Produzenten zeigen sich gut beschildert und werben so für ihre perlenden Produkte. International bekannte Weinmacher sind hier Nachbarn.

Der Reisende erkunde jedoch zuerst das Zentrum. Dort sitzt man auf der Terrasse eines Cafes und lässt bei einem Glas Prosecco, welcher Art auch immer, das Leben der Kleinstadt auf sich wirken.

Hoch über dem Städtchen sind die Kirche S. Floriano und ein prächtiger Aussichtspunkt zu finden. An klaren Tagen reicht der Blick weit hinaus ins Land, zu den Weinhügeln, zum Piave und zum Montello. Noch imposanter wird die Aussicht bei einer Weiterfahrt nach Pianezze. Dies ist gleichzeitig der einzige Wintersportort der Provinz.

Am zweiten und dritten Wochenende im September steht Valdobbiadene alljährlich im Zeichen der schon traditionellen »Mostra Nationale degli Spumanti«. Diese Ausstellung von etwa 250 Schaumweinen aus ganz Italien geht in der Villa dei Cedri in Szene. Die liegt nur etwa 200 Meter nordöstlich vom Ortskern. Weinmacher, Sommeliers, Weinfrauen, Weinbruderschaften und Feinspitze kommen zu diesem Fest des Spumante.

S. STEFANO

Wie ein Amphitheater schmiegt sich der Weinbauort S. Stefano kurz vor Valdobbiadene an den

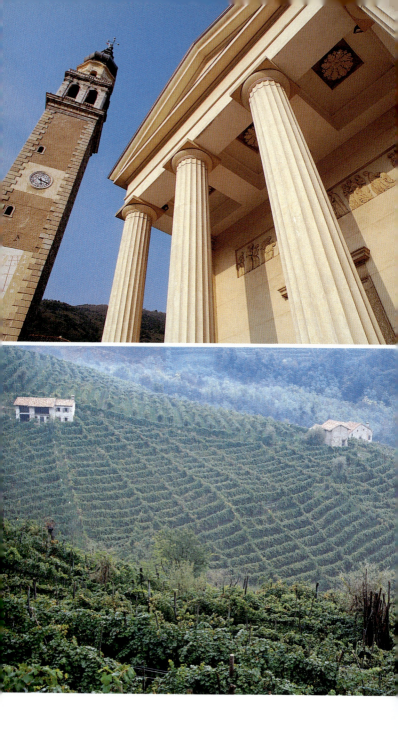

Das Zentrum von Valdobbiadene und sein Umland – Kaum ein Rebstock trägt so üppig wie der Prosecco.

Berg. Der scheint nur aus Rebstöcken zu bestehen. Der Genießer erkennt schnell, dass er sich nun im Herzen des Prosecco befindet. Hinweisschilder machen auch hier auf bekannte Produzenten des perlenden Goldes aufmerksam. Viele Namen kennt man aus der heimischen Gastronomie oder aus dem Supermarktregal. Ein wenig desillusionierend ist inmitten des Grüns der Anblick des Hubschraubers mit dem Spritzmittel. Doch das gehört eben zum modernen Weinbau.

Der Reisende muss auch nicht unbedingt den Spuren der prominenten Prosecco-Macher folgen. Auch im Osten bringen Italo Roberti, Nazzareno di Pola oder die Familie Vizzer, um nur einige zu nennen, Beachtliches zustande.

Trattoria alla Cima. *Knapp einen Kilometer vor dem Stadtzentrum biegt der Reisende, sofern er von Süden her kommt, nach rechts in die Hügel ab, um diese Trattoria zu finden. Ihre Lage zwischen den Weingärten ist sehenswert. Vom Parkplatz reicht der Blick in die Weinberge der Umgebung und hinunter zum Piave und zum Montello. Die großen hellen Räume der Trattoria strömen hingegen wenig Romantik aus. Einziger ländlicher Faktor ist der mächtige Fogolar. Auf ihm wird auch gleich das Fleisch gegrillt, dessen Duft Appetit auf mehr macht. Das kulinarische Angebot ist sehr bodenständig. Süffig präsentiert sich der Prosecco des Hauses. Sonntags sollte man rechtzeitig kommen, denn die Trattoria ist von Einheimischen gut besucht.*

PROVINZ TREVISO

Trattoria alla Cima
Via Cima 13
Valdobbiadene
Tel. 0423/972711
Montagabend und Dienstag geschlossen

Bortolomiol
Via Garibaldi 142
Valdobbiadene (TV)
Tel. 0423/975794

Nino Franco
Via Garibaldi 147
Valdobbiadene (TV)
Tel. 0423/972051

Mionetto Spa.
Via Colderove 2
Valdobbiadene (TV)
Tel. 0423/9707

Ruggeri & Cie.
Via Pra Fontana
Valdobbiadene (TV)
Tel. 0423/975716

Spumanti Valdo
Via Foro Boario 20
Valdobbiadene (TV)
Tel. 0423/9090

Val d`Oca
Cantina Produttori di Valdobbiadene
Via S. Giovanni 65
Bigolino (TV)
Tel. 0423/982070

Tanorè
Via Mont
S. Pietro di Barbozza (TV)
Tel. 0423/975770

Von S. Stefano ins Herz von Valdobbiadene ist es mit dem Auto nur ein Katzensprung.

Zum perlenden Gold

Besucher sind bei den meisten Prosecco- und Weinmachern selbstverständlich, so es die Arbeit zulässt, willkommen. Doch kluge Köpfe melden sich vorher telefonisch an.

Wer die folgenden Adressen genau studiert, wird feststellen, dass oft auf kurzen Wegstrecken mehrere Winzer oder Prosecco-Macher zu finden sind. Denn das Städtchen Valdobbiadene und die umliegenden Weindörfer sind ein durchaus überschaubares Gebiet, in dem sich auch der Fremde leicht zurecht findet. Überdies sind die meisten Produzenten ohnehin bestens beschildert.

Jede der angeführten Adressen – die Auswahl kann auf Grund der Dichte nicht vollkommen und allumfassend sein – hat ein umfangreiches Angebot an schäumendem Gaumenkitzel zu bieten. Es reicht vom Tranquillo, über Frizzante, Spumante, Cartizze und Extra Dry bis zu Extra Brut und anderen kreativen Bezeichnungen nach Art des Hauses. Wobei Tranquillo und Frizzante stets preiswerter sind.

Ein guter Kompromiss ist der Erwerb eines Querschnittes durch das jeweilige Hausangebot. In vielen Betrieben gibt es deutschsprachige Führungen.

Bisol & Figli
Via Fol 33
S. Stefano (TV)
Tel. 0423/900138

Bortolin Spumanti
Via Menegazzi 5
S. Stefano (TV)
Tel. 0423/900135

Col Vetoraz
Via Tresiese 1
S. Stefano (TV)
Tel. 0423/975291

Le Colture
Via Follo 5
S. Stefano (TV)
Tel. 0423/900132

Angelo Ruggeri
Via Follo 18
S. Stefano (TV)
Tel. 0423/900235

Foss Marai
Strada di Guia 109
Guia
Tel. 0423/900560

Canevel Spumanti
Via Roccat e Ferrari 17
S. Biagio (TV)
Valdobbiadene

Franco Adami
Via Rovede 21
Colbertaldo
Vidor (TV)
Tel. 0423/982110

Lucio de Faveri
Via Sartori 21
Bosco
Vidor (TV)
Tel. 0423/987673

Sorelle Bronca
Via Martiri 20
Colbertaldo
Vidor (TV)
Tel. 0423/987201

PROVINZ TREVISO

Irgendwann,
irgendwo sehen
wir uns im Glas
wieder.

Feste in den Hügeln der Altamarca

»Primavera del Prosecco« heißt ein Veranstaltungsreigen des »Consorzio Tutela Prosecco Conegliano-Valdobbiadene«. »Kommt zu den Weinausstellungen in die Hügel der Altamarca«, lautet eine andere plakative Aufforderung des Consorzio. Mit 15 Veranstaltungen zwischen März und Juni werden in den Städten und Orten zwischen Vittorio Veneto und Valdobbiadene die regionalen Weinspezialitäten auf den Sockel gehoben und einem breiten Publikum zur Verkostung dargeboten. Da kommt es etwa in S. Stefano zur Mostra del Vino Prosecco e Cartizze. In Refrontolo werden der bodenständige Passito DOC und der Prosecco probiert und bewertet. Combai wiederum steht ganz im Zeichen seines Verdiso. Fregona feiert sein Juwel, den Torchiato, und in Conegliano geht Mitte Juni ein Weinfest unter dem Motto »Calici di vini« in Szene.

Doch auch außerhalb des »Primavera del Prosecco« locken im Land des perlenden Goldes Weinfeste zur Verkostung. Die meisten Feste sind Freiluftveranstaltungen und dauern an mehreren Wochenenden von Freitagabend bis Sonntagabend. An Samstagen und Sonntagen beginnt das Weinfest meist schon am Nachmittag. Hand in Hand mit diesen Festen gehen oft sportliche oder folkloristische Veranstaltungen einher. Diese sind für den Reisenden gute Gelegenheiten, örtliches Brauchtum, manchmal zwar stark verkitscht, kennen zu lernen. Dazu werden natürlich deftige Speisen vor Ort ausgekocht und meist in Form von Selbstbedienung verkauft. Die Devise für den Gast lautet: Erst schauen, was es gibt, dann an der Kassa den Kupon mit dem Gewünschten kaufen und schließlich selber abholen und servieren. Recht geschickt ist die Arbeitsteilung von zwei oder mehreren Partnern beim Kauf von Speisen und Getränken.

Conegliano. Erster Sonntag im Oktober: *»La Dama castellana«. Ein Damespiel der anderen Art.*

Valdobbiadene. Anfang September: *»Mostra Nationale degli Spumanti«.*

Vittorio Veneto. Anfang Mai: *»Mostra Intercomunale dei Vini Tipici«.*

Vidor. Zweites und drittes Wochenende im März: *»Mostra del Prosecco«.*

Guia. Drittes März-Wochenende bis zweites April-Wochenende: *»Mostra del Prosecco DOC«.*

S. Stefano. Mitte März bis Anfang April: *»Mostra del Vino Prosecco e Cartizze«.*

Col S. Martino. Mitte März bis Mitte April: *»Mostra del Prosecco DOC«.*

S. Pietro di Barbozza. Zweites bis viertes Wochenende im April: *»Mostra del Vino Prosecco e Cartizze«.*

Saccol. Ende April, Anfang Mai: *»Mostra del Vino Cartizze e Prosecco«.*

Miane. Drittes April- bis erstes Mai-Wochenende: *»Mostra del Prosecco DOC«.*

Combai. Drittes und viertes Mai-Wochenende: *»E` Verdiso« – ein Fest für den heimischen Wein. Feste, in deren Mittelpunkt die Edelkastanie steht, werden an mehreren Wochenenden im Oktober abgehalten.*

Solighetto. Drittes Mai-Wochenende: *»Vino in Villa«*

Farra di Soligo. Anfang September: *»Festa della Uva e del Prosecco«.*

Dies kann nur ein Auszug der wichtigsten Feste im Jahreslauf sein. Jahr für Jahr kommen neue Veranstaltungen dazu. Auch Terminänderungen sind möglich.

Rund um den Montello

Nervesa della Battaglia ist ein guter Ausgangspunkt für die Auffahrt auf den Montello. Der einst so umkämpfte Hügel zieht sich von Nervesa entlang des Piave bis hinüber nach Montebelluna und lockt heute Geschichtsinteressierte, Radfahrer, Spaziergänger und Erholung Suchende an. Die Gedenkstätten auf und um den Montello sind beizeiten wahre Pilgerstätten. Viele Italiener besuchen im Wald nahe dem Dorf Busa das einer Kapelle ähnliche Denkmal, das an den großen italienischen Flieger des Ersten Weltkrieges Francesco Baracca erinnert, der am 19. Juni 1918 an dieser Stelle abgestürzt war.

DER MONTELLO MERLOT

Nervesa selbst ist aber auch Ausgangspunkt der »Strada dei Vini del Montello e dei Colli Asolani«. Diese Weinstraße führt entlang der Südflanke des Montello über Volpago, Crocetta del Montello und vorbei an der Villa Barbaro in Maser, hinüber nach Asolo.

Es sind an sich eher einfache Weine, denen der neugierige Reisende hier begegnet. Doch zu erwähnen wäre der Montello Merlot. In diesem Weinbaugebiet ist er der meistverbreitete Wein. Die Jahresproduktion liegt bei 270.000 Flaschen. Der Montello Merlot setzt sich aus etwa 85 Prozent Merlot und 15 Prozent Malbeck zusammen. Es dürfen auch andere Sorten wie Cabernet Sauvignon oder Cabernet Franc einzeln oder gemeinsam mit verschnitten werden.

Erreicht der Montello Merlot einen Alkoholgehalt von 11,5 Volumprozent, wird er nach zweijähriger Lagerung als Superiore verkauft.

Erwähnt seien auch zwei Weinmacher, die sich hier qualitativ abheben. Es sind dies Serafini & Vidotto oder das Gut Conte Collalto, die beide Interessantes zu bieten haben und deren Leistungen auch auf nationaler Ebene gewürdigt werden.

PROVINZ TREVISO

In mächtigen
Fässern lagert der
Wein in der Can-
tina des Castello
San Salvatore
(Conte Collalto)
bei Susegana.

VIELE ERINNERUNGEN
AN DEN GROSSEN KRIEG

Wir umrunden nun von Nervesa aus den Montello im Uhrzeigersinn. In Giavera ist nahe der Kirche der Englische Soldatenfriedhof zu finden. Er zählt zu den beachtenswertesten militärischen Erinnerungsstätten in der Provinz Treviso.

Die Stadt Montebelluna an der Südwestflanke des Hügels gilt als wirtschaftlicher Hauptort im Montello-Gebiet. Hier werden Möbel hergestellt, hier ist die Bekleidungsindustrie ansässig. Ein international namhafter Ski- und Bergschuhhersteller produziert ebenfalls in Montebelluna.

Nach Crocetta di Montello kann der Berg entlang der Straße, die an seiner Nordflanke entlang führt, umrundet werden, oder man überquert ein paar Kilometer nördlich auf der Ponte di Vidor den Piave. Über Moriago und Sernaglia führt die Straße dann zurück nach Nervesa. Alle drei zuletzt erwähnten Orte tragen zur Erinnerung an die Entscheidungsschlacht vom 27. und 28. Oktober 1918 den Beinamen »della Battaglia«. Über Moriago della Battaglia bzw. Fontigo erreicht man in südlicher Richtung die Gedächtniskapelle mit dem Namen »Isola dei Morti«, die »Insel der Toten«, im Schwemmgebiet des Piave.

DER BERG UND SEINE NUTZUNG

Der kleine Berg, sprich Montello, und sein Wald waren für die Menschen, die hier lebten, schon immer von besonderer Bedeutung. Etwa 20 Kilometer ist der Hügel lang, aber nur 368 Meter hoch. Zu Zeiten der Serenissima durfte das Volk der 13 um den Montello angesiedelten Gemeinden das Holz nicht nützen. Der Dichter Nicoló Zotti schildert den Hügel im Jahre 1683 als wahres Paradies, voll mit Pilzen, Eichen, sprudelnden Bächen, Vögeln, Wild und Kräutern. Jegliche Nutzung war jedoch streng untersagt. Zuwiderhandeln wurde mit Kerker oder Verbannung bestraft.

Ein Weinbauer
und sein Grund-
produkt

Erst im Jahre 1892 teilte die italienische Regierung den Hügel in Parzellen auf und gab ihn zur landwirtschaftlichen Nutzung frei. Aus diesem Grund wurden damals auch die 21 Zufahrtsstraßen, »prese« genannt, in den Wald gebaut. Heute kommen auf diesen Straßen Sportler und Erholung Suchende ins verbliebene Grün des Montello.

Ristorante La Panoramica. *Der Name der Straße, die auf den Berg und zu diesem Ristorante hinführt, trägt ihren Namen zu Recht. Nahe dem großen Kriegerdenkmal (Ossario) zweigt von der Panoramastraße die Zufahrt zum gastlichen Haus ab. Ein Schotterweg führt etwa 200 Meter weit an Rebstöcken vorbei zum Ristorante. Der Blick reicht hier an klaren Tagen hinunter zur Piave, hinauf zu den Bergen und weit ins Land hinaus. Bodenständige Küche, Weine aus eigener Produktion und die interessante Weinkarte zeichnen dieses Haus aus.*

Ristorante
La Panoramica
Strada Panoramica del Montello 26
Nervesa della Battaglia (TV)
Tel. 0422/885170
Montag und Dienstag geschlossen

Serafini & Vidotto. *Das Duo Serafini und Vidotto beweist Jahr für Jahr, dass man auch am Piave großartige Weine keltern kann. »Il Rosso dell'Abazia« nennt sich das Aushängeschild. Beachtung verdienen jedoch auch der »Phigaia« und der Pinot Nero des Hauses.*

WEINTIPPS:

Serafini & Vidotto
Via Arditi 1
Nervesa della Battaglia (TV)
Tel. 0422/773281

Conte Collalto
Via 24. Maggio 1
Susegana (TV)
Tel. 0438/738241

Conte Collalto. *Westlich der Straße, die von Conegliano nach Treviso führt, beeindruckt in Susegana den Reisenden das mächtige Castello San Salvatore der Grafen Collalto. Es sind nicht unbedingt »Himmelsstürmer«, die auf den Gütern der Grafen gekeltert werden. Doch erwähnenswert sind der Piave Cabernet, der Conegliano Bianco und der für Österreicher interessante Wildbacher, den es ansonsten nur als Schilcher in der Steiermark gibt.*

SEHENSWERT:

Landwirtschafts- und Weinmuseum in Susegana
Via Barriera
Geöffnet von 9.00–12.00 Uhr und von 14.00–17.00 Uhr
Montag geschlossen

Heute darf der
Montello von
vielen genutzt
werden.

Treviso: Stadt auf und zwischen fließenden Wassern

Treviso, die nördlich von Venedig gelegene Provinzhauptstadt, ist eine pulsierende Wirtschaftsmetropole mit rund 90.000 Einwohnern. Mag auch ihre malerische Altstadt einen anderen Eindruck erwecken. Doch Namen wie Benetton – das Unternehmen residiert in der Villa Minelli in Ponzano nördlich von Treviso – oder die »Edelrennradschmiede« Pinarello besitzen weit über Italien hinaus einen guten Ruf und sind mit ihren Hauptbetrieben hier ansässig. Das Basketball-Team von Treviso zählt zur internationalen Spitze, und auch der raue Rugby-Sport besitzt hier viele Fans.

Motor all dieser Aktivitäten ist nicht zuletzt eine florierende, moderne, mittelständische Wirtschaftsstruktur. Privates Risiko und privates Engagement machten die Provinz zu dem, was sie heute ist: Ein wirtschaftlicher Impulsgeber, der sich auch mit allen anderen erfolgreichen Provinzen Oberitaliens messen kann.

Wer einmal bei Pinarello eines der edlen Rennräder probiert oder gekauft hat, der weiß, dass sich weder Seniorchef noch Juniorchefin für die persönliche Beratung zu schade sind. Die Erfolge verschiedenster Unternehmen machen Italien-weit Furore.

Doch die Genießer zieht es in erster Linie in die schmucke Altstadt, die von den Flüssen Sile, Botteniga und den von ihnen gespeisten Kanälen umspült und durchflossen wird. Die Stadt liegt, man staune, nur auf 15 Meter Seehöhe. Treviso wurde über Jahrhunderte Schritt für Schritt auf und zwischen den Flüssen und Quellen errichtet. Ähnlich wie bei der großen Schwester Venedig stand dabei die Sicherheit der Bewohner im Vordergrund. Kluge Lösungen machten bei feindlichen Aufmärschen die Überschwemmung des umliegenden Aufmarschgebietes möglich. Einst war Treviso auch eine Hafenstadt. Man betrieb eifrig Handel mit der großen Schwester Venedig. Handfestes wie Getreide, Mehl, Holz, Früchte und Gemüse wurden über die Sile in die Lagunenstadt transportiert. Exotische Gewürze, Fische oder Salz kamen auf dem Flusswege in die Stadt im Hinterland der Serenissima.

Außen herum ist Trevisos Altstadt eine wahre Gartenstadt mit einem Stadtgraben, schönen Villen und üppig gestaltetem Grün. Im Zentrum zwängen sich Berufstätige, Reisende, Fisch- und Gemüsehändler, hungrige Autoren und hurtige Fotografen durch enge Gassen und über schmale Brücken. Die kleinen Flüsse und Kanäle sind in Treviso allgegenwärtig. Trauerweiden begleiten ihr Bett und bewachen sie oft wie müde Soldaten. Die Wasserläufe umspülen die mächtigen Grundmauern der Bürgerhäuser. Die sind auf hölzerne Pfähle gestützt. Nur langsam entwickelte sich Treviso von der Pfahlsiedlung zur Stadt. Prächtige Forellen tummeln sich in den klaren, grasbewachsenen Flussläufen und Kanälen. Zu bestimmten Zeiten schnappen sie nach Insekten, die auf der Wasseroberfläche herantreiben.

Lohnend ist ein Spaziergang zur Ponte de Pria im Norden der Altstadt. Dort speist das Wasser des Botteniga auf engstem Raum verschiedene Kanäle und den Stadtgraben. Rund um die Piazza dei Signori findet sich viel Augenfutter. Sei es die Chiesa di Santa Lucia, oder der Dom und die Ausgrabungen an seiner Rückseite, der Palazzo dei Trecento, die Loggia dei Cavalieri, die enge Gasse mit Namen Calle del Podesta oder der versteckte Platz der Fontana delle Tette, auf dem man im Sommer neben einer üppigen Dame kühle Erholung genießen darf.

STADT DER DEFTIGEN GENÜSSE

Trevisos Altstadt ist ein in sich geschlossenes Reich zum Flanieren und Gustieren. Autofahrer sollten sich ihren Parkplatz jedoch besser außerhalb der Stadtmauer oder in deren Nahbereich suchen. Für den interessierten Reisenden ist das

Die Piazza dei
Signori stellt das
pulsierende Herz
der Stadt dar.

historische Zentrum leicht zu durchwandern.
Stärkung und Labung gibt es für den Stadtwanderer in den Osterie kaum irgendwo anders in
solch großer Zahl wie hier. Die Cafes unter den
Arkaden der Piazza dei Signori sind in der warmen Jahreszeit ein prächtiger Platz, um zu genießen. Braucht da jemand ein Restaurant?

Treviso ist ein einziger großer Feinkostladen,
der seine Bewohner und Gäste mit einem dich-
ten Netz von Osterie, Feinkostgeschäften, Weinläden und Marktständen verköstigt. Die Stadt
besitzt eine wohl einzigartige Osterie-Kultur.
Deshalb wollen wir in Treviso den Osterie mehr
Platz einräumen. Während dieser gastronomische Typ andernorts längst verwässert und un-
typisch ist, gibt es ihn hier noch in einer recht ur-
sprünglichen und von den Gästen sehr geliebten
Form. Die Ombra – das typische Glas Wein –, der
Plausch und ein kleiner Imbiss zaubern in der
Stadt auf und zwischen den fließenden Wassern
Fröhlichkeit. An guten Restaurants fehlt es natürlich auch nicht, doch die urigen oder moderni-
sierten Osterie überwiegen bei weitem.

Da wird Deftiges von Pferd, Esel oder Federvieh angeboten, dort frisch frittierter Fisch und
Meeresfrüchte. In so mancher Osteria wird der
Zeitpunkt, ab dem es frisch Frittiertes gibt, auf einer Tafel oder an der Tür schriftlich angekündigt.

Trevisos Flüsse und Kanäle waren einst ein
Eldorado für Aale. Daher fehlt der Aal (»bisato«)
auch nicht im kulinarischen Angebot der Stadt.
Aale wurden früher in den vielen Mühlbächen
und Flüssen in großer Zahl gefangen. Da und

dort findet man ihn in geräucherter Form. Fisch, Meeresfrüchte, viel Gemüse und Obst offerieren Händler vormittags in der Via Pescheria auf sehenswerte Weise. Da darf in der kalten Jahreszeit der bodenständige Radicchio in all seinen Varianten auch nicht fehlen.

Sehr beliebt ist bei den Einheimischen die Kuttelsuppe (»sopa di trippe«). »Sopa coada« heißt die sämige Suppe aus Hühner- oder Taubenfleisch und Brot.

In vielen Lokalen wird Baccala serviert. Das ist ein gewürztes Mus, das aus getrocknetem Stockfisch zubereitet wird. Häufig zu finden ist das weiße Baccala alla vicentina. Auf den Teller kommt es in Begleitung von Polentaflan und Tomatensoße. Gerne wird es wie die Kutteln (trippe) auf Tafeln vor dem Lokal angepriesen.

Würste von Pferd und Esel sind häufig zu finden. In fast jeder Osteria wird Soppressa, die heimische Wurst mit hohem Fettanteil und ohne Knoblauch, angeboten. Ebenso die Frittata, das Omelette mit Kräuterfülle, Zwiebeln, Käse oder Speck. Hühnerinnereien samt dem Magen kommen als »durei« auf den Teller oder als Sugo über die Pasta.

Typisch für Treviso ist die Wurst Luganega. Sie wird in verschiedensten Variationen aus Schweinespeck, diversen Gewürzen und u. a. mit Reis hergestellt. Serviert wird sie mit Gemüse oder als Zutat zu »risotto«, »pasta« – typisch sind hier die hausgemachten »bigoli« – und Suppe.

Einer der beliebtesten »risotti« ist der »risotto al`onda«, der mit Entenfleisch verfeinert wird.

Egal, ob der Gast Deftiges vom Zwei- oder Vierbeiner bevorzugt oder lieber Frittiertes bzw. Mariniertes aus dem Wasser zu sich nehmen will, in jeder guten Osteria wird ihm dazu ein passender Wein serviert. Das Weinangebot in den Osterie ist teilweise überwältigend. Staunend darf der Gast aus einem sagenhaften, oft dreistelligen Angebot wählen. Und nach einem interessanten Gespräch wird er feststellen, dass Italien nicht nur in Piemont, in der Toskana oder in Friaul-Julisch Venetien hervorragende Weinmacher besitzt und, dass große Weine gar nicht so teuer sein müssen, wie es oft den Anschein hat. Feine Weine werden häufig auch glasweise ausgeschenkt. Diese schöne Kultur der Osteria und der bestens bestückten Enoteca hat sich zum Glück auch auf dem Lande um Treviso breit gemacht. Trotzdem ist es schön, eine Stadt einmal intensiv über den Gaumen kennen zu lernen.

Trattoria Toni del Spin. *In einer engen Gasse nahe der zentral gelegenen Piazza dei Signori ist der Klassiker unter Trevisos Trattorie zu finden. Die Gasse namens Via Inferiore stellt so etwas wie eine kulinarische Straße dar, da darin mehrere gastliche Häuser zu finden sind. Die Trattoria Toni del Spin präsentiert sich als typisches, der Tradition verpflichtetes Lokal. Hier lässt es sich länger verweilen. Gans, Ente, Perlhuhn und Kutteln werden nach Art der Region zubereitet. Das viel gepriesene Baccala in verschiedenen Variationen darf auch nicht fehlen. Probierenswert ist die Artischockensuppe oder die den müden Stadtbummler stärkende »pasta e fagioli« (Nudeln mit Bohnen). Gut sichtbar wird das Weinangebot präsentiert.*

Osteria Al Canevon. *Das ist eine der größeren Osterie in der Stadt. Vorne an der Theke nimmt der Gast belegte Panini und ein Gläschen Wein zu sich. Im hinteren Teil des Lokales stehen Tische bereit. Dort treffen sich die arbeitenden Mensch aus den umliegenden Bürogebäuden und so mancher Handwerker von den nahen Baustellen. Tagliatelle alle Verdure (Gemüse), Spaghetti con Cozze (Miesmuscheln) e Vongole oder ein Filet vom Branzino stehen zur Auswahl. Anstelle einer Tischdecke wird braunes Packpapier aufgedeckt. Das Weinangebot ist selbstverständlich umfangreich.*

Trattoria Toni del Spin
Via Inferiore 7
Treviso
Tel. 0422/543829
Sonntag und Montag
Mittag geschlossen

Osteria Al Canevon
Piazza S. Vito 13
Treviso

**Der Fluß Sile
speist die Ka-
näle Trevisos.**

Im Schatten der Loggia auf der Piazza dei Signori lassen sich Stadteindrücke bei einer Ombra verinnerlichen.

Osteria Marca Gioiosa. *Während ich die Osteria betrete, fuchtelt ein alter Mann mit dem Corriere della Sera zwei jüngeren Burschen vor dem Gesicht herum und erklärt ihnen offensichtlich das Leben an sich. Nach einer Weile nehmen alle drei einen letzten kräftigen Schluck aus ihrem Glas und verschwinden Schulter klopfend auf die Straße hinaus. Ich probiere einen der regionalen Weine, nehme ein Panino caldo zu mir, fotografiere das originelle Firmenschild vor der Tür, zahle einen Spottpreis für Panino und Ombra und gehe weiter meinen Recherchen nach.*

Osteria Al Calice d'Oro. *So stellt man sich Entdeckungsreisen vor: Zuerst wird auf dem Markt mit Augen und Nase gustiert, um anschließend in dieser typischen Osteria bei moderaten Preisen das vorhin noch bewunderte Rohprodukt nach Art der Stadt in gegrilltem, gekochtem oder frittiertem Zustand zu verzehren.*

Osteria al Dante. *Wer am Wochenende nach Treviso fährt, muss mit einem eingeschränkten kulinarischen Angebot rechnen. So auch in diesem Falle. Die Osteria al Dante mit ihrem dezenten Hinweisschild und den schönen Fresken liegt im südöstlichen Winkel der Altstadt mit einer Terrasse auf dem Sile. Tintenfische in Variationen, Oktopus, Hühnerinnereien, die für das Veneto typischen Fleischbällchen, die Kochwurst »musetto« und einfach, aber würzig zubereitete Nudelgerichte serviert man dem Gast.*

Osteria Marca Gioiosa
Via Inferiore 33
Treviso

Osteria Al Calice d'Oro
Via Pescheria 5
Treviso
Tel. 0422/544762
Sonntag geschlossen

Osteria al Dante
Piazza Garibaldi 6
Treviso
Tel. 0422/51897
Samstag und Sonntag geschlossen

Cantinetta Venegazzu. *Die Cantinetta macht auf den ersten Blick eher einen unscheinbaren Eindruck. Das ändert sich jedoch schlagartig, wenn man die Weintafel vor der Tür näher studiert. Brunello, Barolo, Soave Classico und einige Friulaner werden hier gerne auch glasweise(!) ausgeschenkt. Diese Gelegenheit sollte man sich nicht entgehen lassen.*

Enoteca Odeon alla Colonna. *Gleich neben dem Ristorante Colonna ist im alten Gemäuer, mit Eingang von der Kanalseite her, diese bestens bestückte Enoteca zu finden. Romantiker werden ihr Glas Wein wahrscheinlich lieber im Freien am Fluss und vor dem prächtigen, gegenüberliegenden Rosengarten genießen. Von hier sind es nur noch wenige Schritte zur Chiesa S. Francesco.*

Hosteria alla Contrada. *In dieser kleinen Mischung aus Museum und Hosteria werden Gemüse, Soppressa, Käse oder Salami zu Soave, Valpolicella, Caldaro, Rosso di Montalcino und Weinen aus der Marca Trevigiani serviert.*

Enoteca al Corder. *Ein paar Schritte weiter finden wir diese modern eingerichtete Enoteca. Berge von Weinflaschen lachen dem Besucher schon durch die Glastür entgegen. Hier gibt es auch warme Gerichte, die bei schönem Wetter auf der kleinen Terrasse eingenommen werden. Solche Gerichte können Orechiette mit Pesto, Tagliatelle mit Spargel oder ein Pasticchio con Funghi sein. Zum Gläschen Wein passend stehen stets Teller mit Häppchen auf der Theke bereit.*

Cantinetta Venegazzu
Piazza S. Ancilotto 2
Treviso

Enoteca Odeon alla Colonna
Vicolo Rinaldi
Treviso

Hosteria alla Contrada
Via Palestro 42 a
Treviso

Enoteca al Corder
Via Palestro 37
Treviso

SEHENSWERTES:

Museo Civico »Luigi Bailo«
Borgo Cavour 22
Montag geschlossen

Museo della Casa Trevigiana
Via Canova 38

Palazzo dei Trecento
Piazza Indipendenza
Sonn- und feiertags geschlossen

Völkerkundemuseum
Piazzetta Benedetto XI. 2
Täglich geöffnet (Gruppen nach Voranmeldung)

Diözesanmuseum für Kirchenkunst
Canoniche del Duomo (Gasse beim Dom)
Freitag und Feiertage geschlossen

Krieg zwischen Piave und Monte Grappa

Zwischen der Mündung des Piave und den südlichen Ausläufern der sanften Prosecco-Hügel gab es vor Ende des Ersten Weltkrieges alles andere als Genuss und Freude. Auch am Monte Grappa, dem Hausberg von Bassano del Grappa, dem reizvollen Städtchen an der Brenta, wurde von 1917 bis 1918 erbittert gekämpft.

Die/der Piave umfasste damals wie heute die Heimat des Prosecco wie ein freundlich um die Schulter gelegter Arm. Wo einst um die Überquerung des Flusses gekämpft wurde, gewinnt man heute Strom oder Schotter, ziehen sich Industriegebiete oder fruchtbares Ackerland hin. Wo vermeintliche Helden mutig in den Tod liefen, wachsen längst die DOC-Weine des Piave- oder des Montello-Gebietes.

Am 24. Okober 1917 begann weit im Osten, um 2.00 Uhr früh, die österreichisch-ungarische Offensive, die als 12. Isonzo-Schlacht in die Geschichtsbücher eingehen sollte. Auf ihrer gesamten Länge war die Isonzo-Front, die Front in den Julischen- und in den Karnischen Alpen, in diese Offensive mit eingebunden. Unterstützt wurde das k. u. k.-Heer von starken Verbänden des Deutschen Reiches.

Schon am 27. Oktober marschierte das Deutsche Alpenkorps durch Cividale. Am 28. Oktober wurde auf dem Kastell von Görz wieder die Fahne Österreich-Ungarns gehisst. Einen Tag später vereinigten sich die durchgebrochenen Truppen vom Isonzo aus den Julischen Alpen und aus den Karnischen Alpen in der friulanischen Ebene. Am 30. Oktober wurde der Befehl erteilt, die angefangene Offensive auch jenseits des Tagliamento fortzusetzen. Zehntausende italienische Soldaten konnten bei dieser Offensive am Ostufer des teilenden Flusses gefangen genommen werden.

Die verbündeten Österreicher, Ungarn und Deutschen trieben die in Panik geratenen italieni-

schen Soldaten durch die Ebene vor sich her. Waffen, Verpflegung, Gerätschaften und 3000 Geschütze wurden von den weichenden Italienern einfach zurückgelassen.

Binnen 10 Tagen überquerten die nachrückenden Verbündeten, trotz hohem Wasserstand, die Flüsse Tagliamento, Meduna, Cellina und Livenza. All diese Flüsse sind heute den Venedig-Reisenden vom Überqueren auf bequemen Brücken wohl bekannt.

Am 9. und 10. November erreichte das verbündete Heer das Ostufer der Piave. Damals war dieser Fluss für die Italiener noch weiblich. Erst nach dem endgültigen Sieg über die k. u. k.-Armee befand man, dass ein Fluss, an dem die Nation so heldenhaft siegreich war, männlich sein muss. Daher wurde dem Namen fortan einfach ein männlicher Artikel vorgesetzt. Seither heißt der Fluss also der Piave.

Doch zurück in den November 1917. Während der 12. Isonzo-Schlacht und dem darauf folgenden Durchbruch bis zur Piave, verlor die italienische Armee rund eine Million Soldaten. Dabei waren Tote, Verwundete, Versprengte und Deserteure. Der Verlust der Verbündeten hingegen betrug 5000 Soldaten. Wobei nur ein Bruchteil davon gefallen war.

Am Ostufer der Piave wurde den Österreichisch-Ungarischen Truppen und ihrer Verstärkung aus dem Deutschen Reich der Befehl erteilt, die Offensive zu beenden. Dabei war die Ebene bis nach Mailand zu diesem Zeitpunkt militärisch völlig ungeschützt. Das Durchbrechen

Alte Schützen-
gräben und ein
mächtiges Monu-
ment erinnern
rund um Asiago
an den Ersten
Weltkrieg.

bis in die lombardische Metropole wäre damals eine Frage von wenigen Tagen gewesen.

In den folgenden Wochen verhielt sich das verbündete Heer am Ostufer völlig passiv. Innerhalb von wenigen Wochen sicherten hingegen die Italiener gemeinsam mit Engländern und Franzosen das Westufer der Piave. Auch die schon vorbereitete Front auf dem Monte Grappa konnte gesichert werden.

Die Piave, der Monte Grappa und die Hochfläche der Sieben Gemeinden (Sette Comuni), die sich westlich von Asiago hinzieht, waren die Schlüsselbereiche des restlichen Kriegsjahres im Veneto. Das Käsestädtchen Asiago liegt nordöstlich von Bassano del Grappa auf etwa 900 Meter Seehöhe. Erreichbar ist diese Almregion und ehemals strategisch wichtige Landschaft am schnellsten auf der Autobahn über Vicenza und Thiene. Befestigte Forts, Kriegerfriedhöfe und Monumente erinnern in den Sieben Gemeinden noch an die Geschehnisse im Ersten Weltkrieg.

Italiens Armee erholte sich rasch vom überraschenden Durchbruch der Österreicher. Die k. u. k.- Heeresführung hatte es verabsäumt, aus dem imposanten Teilerfolg einen Sieg zu machen. Italien tauschte derweilen die Feldherren. Cadorna musste gehen. Für ihn kam der kluge und unverbrauchte Stratege General Diaz. Der bestimmte sofort das Geschehen in allen drei Frontbereichen. Während in Italien mit Hilfe der Alliierten aus USA, Frankreich und England kräftig aufgerüstet wurde, zerfiel im Rücken der österreichischen Armee die Organisation und die Monarchie. Das Durchschnittsgewicht der Soldaten betrug nur noch 50 kg. Es herrschte Not. Dazu kamen taktische Irrtümer der Heeresführung.

Italien baute den Monte Grappa zur Festung aus. Die Front entlang der Piave erstreckte sich im November 1917 über 130 Kilometer. An ausgeruhten Soldaten herrschte bei den Alliierten, im Vergleich zur k. u. k.-Armee, kein Mangel. England und Frankreich schickten fünf bzw. sechs

Divisionen an die Piave und auf den Monte Grappa. Dazu kamen neue Geschütze mit größerer Reichweite und höherer Feuergeschwindigkeit.

Ohne größere Truppenbewegungen verging am Ostufer der Piave die erste Hälfte des Kriegsjahres 1918. Es sollte das letzte Kriegsjahr sein. Was den Österreichern zu schaffen machte, waren der intensive Artilleriebeschuss durch die Italiener und die Luftangriffe der Alliierten.

Am 15. Juni begann für die k. u. k.-Armee im Veneto die letzte bedeutende Schlacht – die sogenannte Juni-Schlacht. Wohl konnten Truppenteile die Hochwasser führende Piave überqueren. So konnte die Osthälfte des um die 300 Meter hohen Montello zwischen Nervesa und Sernaglia, südwestlich von Conegliano, genommen werden. Sernaglia liegt nur vier Kilometer südlich der Prosecco-Gemeinde Pieve di Soligo. Von der »Strada del Prosecco« ist es oft nur ein Katzensprung zu den Schauplätzen der ehemaligen Piave-Front.

Piave-Überschreitungen gelangen auch zwischen Saletto und Zenson, etwa 19 Kilometer östlich von Treviso.

Doch diese Truppen waren dort abgeschnitten und lagen im intensiven italienischen Artilleriefeuer. Dazu kam die clevere und sehr flexible Strategie des Feldherrn Diaz. So mussten sich die mutigen Flussüberschreiter, so ferne sie es noch konnten, wieder an das Ostufer absetzen.

Auch die Angriffe auf dem Monte Grappa und die Sieben Gemeinden schlugen unter großen Verlusten fehl. Wer den Monte Grappa heute besucht, der versteht den Wahnsinn der Juni-Schlacht besser. Rund 142.550 Soldaten verlor die alte Armee durch verschiedene Umstände in ihrer letzten Schlacht. Die Italiener im Gegensatz dazu 84.830.

Danach begann der Verfall der einst glorreichen Armee. Der Nachschub funktionierte nicht mehr. Es fehlte an Lebensmitteln, Schuhen und Bekleidung. Eine Tagesration bestand aus 500

Gramm Strohbrot. Im fernen Wien zerfiel die Monarchie. Die Soldaten aus den Kronländern, die jahrelang ihren Kopf für Kaiser und Vaterland hingehalten hatten, setzten sich ab und gingen in ihre Heimat.

Am 24. Oktober 1918, genau ein Jahr nach Beginn der 12. Isonzo-Schlacht, begann im Veneto die Gegenoffensive der Italiener und ihrer Alliierten. Am 26. Oktober gelang ihnen die erste Überschreitung der Piave. Danach brach die Front zusammen. Am 29. Oktober erreichten die Italiener bereits Vittorio Veneto. Am 4. November 1918 war schließlich alles vorbei.

Aus der Bezeichnung »die Piave« wurde »der Piave«, denn ein so heldenhaft verteidigter Fluss durfte fortan nur männlich sein.

Erinnerungen an den Ersten Weltkrieg gibt es noch viele im ehemaligen Kampfgebiet. Nervesa heißt seither Nervesa della Battaglia (Schlacht). Am nahen Montello, noch im Gemeindegebiet von Nervesa, steht ein Monument mit Geschützen davor. In diesem Monument ruhen 9325 Gefallene. In den sanften Hügeln des Montello gibt es ein Denkmal (beschildert) für den bedeutenden italienischen Kampfflieger der ersten Stunde, Francesco Baracca.

Ein riesiges Monument – mehr als 10.000 österreichische Soldaten ruhen dort –, zahlreiche Stellungen, Kavernen, Unterstände, noch immer gut sichtbare Granateinschläge und einen imposanten Rundum-Blick auf die ehemaligen Schlachtfelder plus Erläuterungen findet der Interessierte im Gipfelbereich des 1775 Meter hohen Monte Grappa. Knapp dreißig Kilometer lang ist die Auffahrt mit Ausgangspunkt in Bassano del Grappa.

Villa Barbaro –
eines der letz-
ten Bauwerke
Palladios

Die Villa Barbaro in Maser

Auf dem Weg nach Westen, beim Wechsel von einem kulinarisch interessanten Gebiet in das andere, in diesem Fall vom Prosecco zum Grappa, sei dem Leser ein Abstecher nach Asolo und vorher zur Villa Barbaro in Maser empfohlen. Der Besucher kann auf der »Postkartenseite« unterhalb der Villa oder auf einem eher rustikalen Parkplatz in einem Wäldchen oberhalb der Villa parken. Die Villa Barbaro stammt aus dem Jahre 1560 und zählt zu den Meisterwerken Palladios. In ihrem Inneren sind Fresken von Paolo Veronese zu bewundern. Genussmenschen sollten sich das Motiv an der Decke eines Raumes, in dem Gott Bacchus den Hirten den Weinbau beibringt, gönnen.

Wird über die Werke Palladios berichtet oder gesprochen, so findet das tempietto (Tempelchen) der Villa Maser immer wieder und berechtigt Erwähnung. Palladios Freunde und venezianische Gönner, die Familie Barbaro, ließen das Tempelchen nach Fertigstellung der Villa Maser als privates Bethaus und als öffentliche Dorfkirche errichten. Daniele und Marcantonio Barbaro gehörten einer alten venezianischen Familie an. Daniele war Patriarch von Aquileia und Marcantonio Diplomat. Palladio selbst erlebte die Fertigstellung des tempietto nicht mehr.

Interessenten können auf der Rückseite der Villa ein Kutschenmuseum, das auch österreichische Modelle beherbergt, besichtigen oder nach einer Weinverkostung im Keller fragen.

PROVINZ TREVISO

ÖFFNUNGSZEITEN: VILLA BARBARO IN MASER

März bis Oktober jeden Dienstag, Samstag, Sonntag und Feiertag von 15.00–18.00 Uhr.

November bis Februar jeden Samstag, Sonntag und Feiertag von 14.30–17.00 Uhr.

Die Villa ist unter Tel. 0423/923004 zu erreichen.

Asolo: Stadt der hundert Horizonte

Weithin ist die Pracht der Hügel- und Gartenstadt Asolo sichtbar. Wer die Beschaulichkeit des Städtchens für sich haben will, dem sei ein Besuch unter der Woche und spazierfreudiges Schuhwerk angeraten. Denn nur der Gehwillige wird Asolo so entdecken, wie es der Dichter Giosué Carducci einst schon sah – nämlich als Stadt der hundert Horizonte. Tatsächlich tun sich bei der Wanderung über den Bergkegel die verschiedensten Ausblicke in die Umgebung und die unterschiedlichen Facetten dieser Stadt im Grünen auf. Asolo liegt tatsächlich landschaftlich wie klimatisch in einer äußerst begünstigten Zone. Die zahlreichen Zypressen wirken wie Finger Gottes, die zur Beschaulichkeit mahnen.

Schon lange vor Christi Geburt hatten sich Menschen hier angesiedelt. Asolo war ein wichtiger römischer Verwaltungsposten und bis 969 sogar Bischofssitz. Danach wurde es der Diözese von Treviso zugewiesen. Im Mittelalter beherrschten Ezzeliner, Scaliger, Carrareser und Trevisaner Asolo. Im frühen 14. Jahrhundert begab sich die Stadt in die schützende Hand der Republik Venedig. Zahllose Dichter, Maler, Musiker und Schriftsteller aus dem In- und Ausland wurden über Jahrhunderte von der Faszination Asolos erfasst und würdigten die Stadt.

Nach wie vor erhalten ist Asolos mittelalterlicher Charakter. Der Stadtwanderer begegnet ihm in vielen stillen Winkeln. Schön sind die gotischen Bogengänge. Unter einem wartet kühles Gelato auf den Neugierigen, da wird durststillender Gingerino auf das kleine Tischchen serviert, dort sitzen Gäste und plaudern bei einem Gläschen Prosecco. Laute private Gespräche hallen aus schmalen Fenstern und durch enge Gassen. Man riecht hier, was Mamma zu Mittag auf den Tisch bringt. Einblicke in enge, kleine Hinterhöfe werden gewährt. Schmale Gassen finden dort oftmals ein jähes Ende. Über all dem thronen die Reste der tausend Jahre alten Rocca. Man spaziert über die alten Stadtmauern, besucht das Castello und flaniert durch die dunklen Gassen hinaus zum nordwestlich gelegenen Langobardenhaus und blickt von dort auf die Gärten der Stadt, hinaus auf das ebene Land und in die benachbarten Hügel. Auf halbem Wege steht ein morbides, ehemals herrschaftliches Haus mit der Hausnummer 267. Eine Gedenktafel erinnert an die Übernachtung Napoleon Bonapartes am 10. März

1797. Die nahe gelegene, prächtige Villa Cipriani, heute ein Hotel, gehörte einst dem englischen Schriftsteller Robert Browning und dessen Frau.

Für Fotografen ist Asolo eine wahre Fundgrube an Motiven und Perspektiven. Für Feinschmecker lohnt sich der Spaziergang durch die Via R. Browning, die unterhalb des zentral gelegenen Brunnens auf der Piazza Garibaldi nach Südosten aus dem Stadtzentrum führt. In dieser Straße finden sich unter stillen Arkaden eine Enoteca, urige Osterie und Feinkostgeschäfte.

**Antica Osteria Ca` Derton.** *Bescheiden duckt sich diese besuchenswerte Osteria an der Nordseite der kleinen Piazza D`Annunzio ins Gemäuer. Die wichtigen Grundprodukte der Saison geben auch hier übers Jahr kulinarisch den Ton an. Das kann eine Lasagnette mit Zucchini und Scampi, Baccala alla vicentina, vielfältig zubereitetes frisches Gemüse, das Lamm aus dem Ofen samt Beilage, das Perlhuhn mit feinen Kräutern, eine Terrine vom Truthahn oder die Fülle eines der diversen Pasta-Gerichte bestätigen. Die abschließenden süßen Versuchungen sind allemal eine Sünde wert und können beim anschließenden Spaziergang durch die Stadt wieder abgebaut werden.*

Die Weinkarte offeriert Erlesenes vom internationalen und nationalen Markt. Da sind Größen wie Braida, Gaja, Aldo Conterno, Jerman, Edi Kante, Gravner, Dorigo und Mario Schiopetto zu finden. Nichtraucher finden im ersten Stock ihr Refugium.

Enoteca alle Ore. *Klein, originell und ganz einfach all das Lebensbejahende dieser Stadt widerspiegeln, so zeigt sich diese Weintrinkstube. Allein schon die Öffnungszeiten sind bemerkenswert.*

Villa Cipriani. *Der elitäre Platz für eine Nächtigung in dieser romantischen Umgebung ist die ländliche Dependance des veneziani-*

Antica Osteria Ca` Derton
Piazza G. D´Annunzio 11
Asolo
Tel. 0423/529648
Sonntagabend und Montag geschlossen

Enoteca alle Ore
Via R. Browning 185
Asolo
Geöffnet von 10.00–14.00 Uhr und von 17.00–02.00 Uhr
Montag Ruhetag

Villa Cipriani
Via Canova 298
Asolo (TV)
Tel. 0423/952166

Das Tempietto
in **Maser** (links)
und Asolanische
Impressionen

schen Hauses Cipriani in Asolo. Viel Prominenz hat in dem Palazzo aus dem 16. Jahrhundert schon genächtigt.

Osteria alla Chiesa. Nördlich von Asolo zieht sich ein Hügelland hin, die Colli Asolani, wo verstreut ruhige Dörfer zu finden sind. Schmale Straßen führen die Radler, zum Teil beschildert, von Dorf zu Dorf. Auf einem Hügel, unweit von Asolo, steht weithin sichtbar, die Kirche von Monfumo. Der Ort liegt unweit vom Asolo Golf Club, der bei den Golfern aus dem Norden sehr geschätzt wird. Die Kirche von Monfumo dient als Wegweiser. Am Fuße des Kirchenhügels liegt direkt an der Straße auf dem kleinen Dorfplatz diese Osteria. Die einst gelbe Fassade des Hauses musste dem Zahn der Zeit bereits Tribut zollen. Doch die Einkehr lohnt sich. Denn die Zubereitung der Speisen kann durchaus als kreativ bezeichnet werden. Wohlschmeckende Variationen von Gemüse, Fisch und Meeresfrüchten, Pilzgerichte, Lamm oder Kaninchen aus dem Ofen und anderes mehr, harmoniert bestens mit der umfangreichen Weinauswahl der Osteria. Wem die Auswahl schwer fällt, der sollte sich für das »Menu degustazione« entscheiden.

KULINARISCHER TIPP:
Osteria alla Chiesa
Via Chiesa 14
Monfumo (TV)
Tel. 0423/545077
Montag geschlossen

SEHENSWERTES:

Museo Civico
In der Loggia Capitanato

Via Regina Cornaro
Montag geschlossen

Asolo und die Frauen

Zwei Frauen waren es, die in Asolos Geschichte bleibende Spuren hinterließen. Die erste war Caterina Cornaro. Sie war ein Kind Venedigs und stieg durch ihre Heirat mit Jakob II. zur Königin von Zypern auf. Nach dem Tod ihres Gatten und ihres Sohnes wurde sie von den Venezianern von der Mittelmeerinsel geholt und nach Asolo gebracht. Im Castello herrschte sie von 1489 bis 1509. Feste und kulturelle Aktivitäten prägten ihre Zeit.

Eine Königin des Schauspiels war hingegen Eleonora Duse. Sie lebte von 1858 bis 1924 und spielte auf den bedeutendsten Bühnen in Europa

Wo Tauben sind, fliegen Tauben zu. Auch das kulinarisch beliebte Federvieh braucht einen Unterschlupf.

und in den USA. Große klassische Rollen waren ihr auf den Leib geschrieben. Ihr privates Schicksal war der italienische Freiheitsheld und Schriftsteller Gabriele D`Annunzio (1863–1938). Ihm stand sie über Jahre zur Seite und war Heldin seiner Stücke. Begraben wurde la Duse, auf eigenen Wunsch, in Asolo. Ihr schlichtes Grab mit einem eben solchen Stein ist auf dem S. Anna Friedhof auf einem Hügel westlich der Stadt zu besichtigen. In der Stadt selbst steht noch die Casa Duse. Im städtischen Museum ist ein eigener Eleonore-Duse-Saal mit Erinnerungsstücken an die große Mimin eingerichtet.

Ihr Schicksalsmann war der Schriftsteller, Kriegsverherrlicher und Frauenheld Gabriele D`Annunzio. Die Affäre begann im Jahre 1895. Der Poet hatte schon 1885 bei einem Duell eine Kopfwunde davongetragen. Um sie zeigen zu können, trug er fortan Glatze. Seine kriegerischen Aktivitäten sind im deutschen Sprachraum bekannter als seine in Italien hoch geschätzte Dichtkunst.

Spektakulär waren seine Aktivitäten für einen Kriegseintritt Italiens 1915. Mit einem Kampfflieger erreichte er in den letzten Kriegstagen Wien und warf Propagandaschriften ab. Mit einer Freischärlertruppe besetzte er 1919 die kroatische Hafenstadt Fiume/Rijeka, um sie für Italien zu beanspruchen. Im Jahre 1921 wurde er aus der Stadt vertrieben. Schon 1922 machte er sich für eine Machtübernahme durch die Faschisten stark. Der König verlieh D`Annunzio 1924 für die vorhin erwähnte Besetzung Fiumes den erblichen Titel eines Fürsten von Nevoso.

Gabriele D`Annunzio schrieb für »Tribuna« oder »Il Mattino«. Zu seinen bekanntesten Werken zählen die Trilogie »Gesänge« oder »Die Jungfrauen vom Felsen«. Seinen Lebensabend verbrachte er in Gardone Riviera in seiner Villa Vittoriale, die heute als Museum für jedermann zugänglich ist.

Zitat ELEONORA DUSE: »Ohne Frauen geht es nicht, das hat sogar Gott einsehen müssen.«

Ernest Hemingway
und das Veneto

Ziele und Themen dieses Reiseführers, wie die Schlachten am Piave, am Monte Grappa, der Valpolicella in der Fiasco-Flasche und Gabriele d´Annunzio, werden in Ernest Hemingways Roman »Über den Fluss und in die Wälder« mehrfach erwähnt und in der dem Schriftsteller eigenen, oft derben Ausdrucksweise beschrieben. Hemingway lässt seinen Helden, einen todkranken amerikanischen Oberst, der die Schlachten am Piave und am Monte Grappa im Ersten Weltkrieg auf Seiten der Alliierten gegen Österreich-Ungarn mitgemacht hatte, noch einmal das Veneto bereisen und dabei in oft blutigen Erinnerungen stöbern. Er zeichnet dabei ein sehr drastisches, niemals den Krieg verherrlichendes Bild dieser unseligen Zeit.

Deshalb will ich in loser Aneinanderreihung von Textpassagen aus diesem Roman, ähnlich wie bei einem Puzzle, ein literarisches Bild jener Zeit widergeben.

THEMA: KRIEG AM PIAVE

Aber er konnte die alten Stellungen sehen. Und hier zu beiden Seiten der geraden, ebenen, von dem Kanal begrenzten Straße, auf der sie entlang rasten, standen die Weiden an den beiden Kanälen, in denen die Toten gelegen hatten. Gegen Schluss der Offensive hatte es ein großes Schlachten gegeben, und irgendwer hatte den Befehl gegeben, die Toten in die Kanäle zu werfen, um bei dem heißen Wetter die Straßen und Stellungen an den Flussböschungen frei zu halten. Unglücklicherweise waren die Wehre flussabwärts noch in den Händen der Österreicher, und sie waren geschlossen.

Somit war kaum Bewegung im Wasser, und die Toten waren lange Zeit dort geblieben, wurden immer aufgedunsener und trieben mit dem Gesicht nach unten, dem Gesicht nach oben,

Wo einst gekämpft
wurde, wächst heu-
te Wein.

ohne Rücksicht auf ihre Nationalität, bis sie ungeheure Dimensionen angenommen hatten. Schließlich, nachdem die Sache organisiert war, holten Arbeitstrupps sie nachts heraus und begruben sie dicht an der Landstraße ...

... Wie dem auch war, man hatte sie alle ausgegraben, dachte der Oberst, und in dem großen Osario bei Nervesa (della Battaglia) beerdigt.

»Wir haben hier gekämpft, als ich jung war«, erzählte der Oberst dem Fahrer.

»Es ist verdammt flaches Land zum Kämpfen«, sagte der Fahrer. »Wurde der Fluss gehalten?«

»Ja«, sagte der Oberst. »Wir haben ihn gehalten und mussten ihn aufgeben und haben ihn wieder genommen ...«.

... Die Angriffe der Österreicher waren schlecht koordiniert; sie waren aber pausenlos und erbittert, und zuerst kam das schwere Geschützfeuer, das einen außer Gefecht setzen sollte, und dann, wenn es erhöht wurde, prüfte man die Stellungen und zählte seine Leute. Aber man hatte keine Zeit, sich um die Verwundeten zu kümmern, da man wusste, dass der Angriff sofort erfolgen würde, und dann erschoss man die Männer, die durch den Morast gewatet kamen und ihre Gewehre über Wasser hielten und so langsam herankamen wie eben Männer, die bis zum Bauch im Wasser waren.

THEMA: KRIEG AM MONTE GRAPPA

... »Wo wird das Buchenholz geschlagen?«

»Ich bin nicht aus den Bergen. Aber ich glaube, es kommt von oberhalb von Bassano. Ich

war einmal auf dem Grappa, um mir anzusehen, wo mein Bruder begraben liegt. Es war ein Ausflug, den man von Bassano aus machte, und wir gingen auf den großen Ossario ...«.

... »In welchem Jahr ist Ihr Bruder am Grappa gefallen?«

»1918. Er war ein großer Patriot und hingerissen, als er D`Annunzio reden hörte, und meldete sich als Freiwilliger, bevor sein Jahrgang aufgerufen wurde. Wir kannten ihn eigentlich nicht sehr gut, weil er so jung starb ...«.

... Der Oberst war jetzt wieder ein Leutnant ... sein Gesicht war staubbedeckt ...

... Die drei Hauptstellungen, dachte er. Das Bergmassiv, der Grappa mit Assalone und Pertica und der Berg mit dem Namen, an den ich mich nicht mehr erinnern kann, zur Rechten. Dort bin ich zum Mann geworden ...

THEMA: GABRIELE D`ANNUNZIO

... Alle Waffengattungen waren angenehm, bei denen D`Annunzio gewesen war, und seine Mission war leicht und schnell erfüllt, bis auf die bei der Infanterie ...

... Und der Oberst erinnerte sich an das eine Mal, als er dagestanden und einen Zug Sturmtruppen befehligt hatte, während es in einem jener nicht endenden Winter regnete, als der Regen dauernd fiel oder wenigstens immer, wenn Paraden oder Ansprachen an die Truppen stattfanden, und D`Annunzio hatte mit seinem fehlenden Auge, mit der Binde darüber und seinem weißen Gesicht, so weiß wie der Bauch einer Seezunge, die man gerade eben auf dem Markt umgedreht hat, so dass die braune Seite nicht zu sehen war, und die aussah, als ob sie 30 Stunden tot war, und gerufen: »Morire non è basta«, und der Oberst, damals ein Leutnant, hatte gedacht: Bockmist, was wollen die denn sonst noch von uns? ...

... »Wie sagten Sie doch, wie war der Name?«

»D`Annunzio«, sagte der Oberst, »Schriftsteller.«

… zu sich selbst sprechend: Schriftsteller, Dichter, Nationalheld, Schöpfer der faschistischen Dialektik, makabrer Egoist, Flieger, Befehlshaber oder Mitfahrer im ersten Schnellboot, Oberstleutnant der Infanterie, ohne zu wissen, wie man eine Kompanie oder einen Zug ordentlich befehligt, der große wunderbare Verfasser von »Notturno«, der uns Respekt einflößt und dem wir einen Fußtritt geben.

THEMA: VALPOLICELLA

»Ich glaube, das wäre alles«, sagte der Oberst. »Wie ist es mit einem Fiasco Valpolicella?«

»Wir haben keine Fiascos. Dies ist ein gutes Hotel, Sie verstehen, Herr Oberst, er kommt in Flaschen.« …

… »Sagen Sie mal, ich glaube, der Valpolicella ist besser, wenn er jünger ist. Er war keine »Grand vin«, und wenn man ihn auf Flaschen füllt und jahrelang lagern lässt, vermehrt das nur den Bodensatz. Finden Sie das nicht auch?« …

Armer Oberst, armer Hemingway. Die wuchtigen, kräftig strukturierten Weine aus dem Valpolicella, wie Valpolicella Classico Superiore, Amarone oder Recioto, die wir heute trinken dürfen, hat der große Schriftsteller offensichtlich zu Lebzeiten nicht gekannt. Stattdessen mussten sich seine Helden mit dem billigen Fiasco aus der gleichnamigen Korbflasche zufrieden geben. Für den Weinfreund von heute wäre das Trinken dieses einfachen Weines mit Sicherheit ein geschmackliches Fiasko.

Provinz Vicenza

Grappa: Aromatischer Geist des Veneto

So wie sich der Schnaps in den Alpen Ende des 20. Jahrhunderts vom derben Hausbrand zum feinen Destillat gewandelt hat, so erlebte auch der Grappa in jenen Jahren die Wandlung zum edlen Essensbegleiter oder zur abschließenden Krönung des Mahls.

Über Jahrhunderte war er ein biederer Tresterbrand, für dessen Herstellung oftmals die Bauern zuständig waren, die dabei den Trester aller Rebsorten gleichzeitig brannten. Das Ergebnis war ein rauer, außerhalb Italiens kaum geliebter »Gaumen- und Magenbeleidiger«.

Grappa wird nach wie vor aus Trester destilliert. Doch trennt man heute schon beim Trester die Rebsorten. Das Ergebnis sind Grappe mit unterschiedlichen, probierenswerten Nuancen. Der gute Grappa enthält wenig Zucker und zumindest 37,5 Volumprozent Alkohol. Sein Name ist in der EU längst geschützt. Er darf daher nicht aus Vorlaufbränden oder Wein destilliert werden.

Die Destillerien in und um Bassano haben sich schon vor Jahr und Tag den verfeinerten Methoden verschrieben, auch ihre Produkte kulinarisch hoffähig gemacht und damit ihren Beitrag zum guten Ruf des Grappa geleistet. Der Andrang in den Probierstuben an der Ponte degli Alpini bestätigt dies. Doch besitzt die Stadt an der Brenta in Italien kein Monopol auf guten bis ausgezeichneten Grappa. Auch andere Regionen wie Friaul-Julisch Venetien, die Toskana oder Piemont, um nur einige zu nennen, besitzen hervorragende Brennereien und eine lange Grappa-Tradition.

Guter, feiner Grappa verlangt wie der Wein nach einer möglichst perfekten Temperierung. Junger Grappa sollte mit 8 bis 10 Grad Celsius getrunken werden. Der im Holzfass gelagerte, alte Grappa verlangt nach einer Trinktemperatur von 16 bis 18 Grad Celsius.

Das ideale Grappa-Glas besteht aus feinem, Mund geblasenen Bleikristall. Es ist hochstielig, unten bauchig, mit einer Verjüngung zum Trinkrand hin. So können die Genießer die feinen Aromen besser wahrnehmen.

Ein guter Grappaiolo kann seine Destillate in verschiedenen Geschmacksnuancen und Altersstufen offerieren. Grappa kommt jung oder etwas reifer und im Holzfass gelagert auf den Markt. Beim aromatisierten Grappa wird der eigentliche Geschmack durch die Beigaben von Kräutern oder verschiedenen anderen Gewächsen oft ganz wesentlich verändert.

Doch zurück zum Grappa aus dem Holzfass. Die Lagerung kann kürzer oder länger als sechs Monate währen. Bleibt der Grappa mindestens ein halbes Jahr im Holzfass und wird er noch einmal solange luftdicht gelagert, dann darf er die Bezeichnung Stravecchia oder Riserva tragen.

Der Feinschmecker weiß: Ein guter Grappa soll als Essensbegleiter oder -abschluss nicht am Gaumen brennen, sondern denselbigen weich und fruchtig erfreuen.

Bassano del Grappa

Der Monte Grappa, die bezaubernde Altstadt, die Brenta mit der malerischen Alpini-Brücke, der Spargel und edle Destillate locken Jahr für Jahr viele Touristen nach Bassano del Grappa. Sehenswürdigkeit Nummer eins ist natürlich die im Stadtkern die Brenta überspannende, überdachte Holzbrücke namens Ponte Vecchio oder Ponte degli Alpini, wie sie auch genannt wird. Sie wurde einstmals (1569) nach mehreren Zerstörungen von Palladio errichtet. Als Baumaterial hat man seither immer Holz verwendet. Kriege und Hochwasser haben der Brücke auch in den folgenden Jahrhunderten immer wieder zu schaffen gemacht. Nach dem letzten Weltkrieg errichtete der Nationale Verband der Alpini die Brücke neu. Deshalb sind die Alpini heute auch im Namen verewigt.

Villa Michiel, eine
von vielen präch-
tigen Villen im
Land um Bassano

Die Zugänge zur Brücke schmücken Marmor-
bögen aus dem Jahre 1531. Am rechten Ufer der
Brenta finden Interessenten ein Museum, das
der Brücke gewidmet ist. Im selben Haus kann
die Taverna del Ponte ihren Gästen gleich neben
der Brücke einen kleinen Balkon über dem Wasser anbieten.

Bassano del Grappa liegt auf einer Seehöhe
von 122 Meter. Die Stadt gehört zur Provinz Vicenza. Die erste urkundliche Erwähnung stammt
aus dem 11. Jahrhundert. Doch weiß man, dass
vorher sowohl Römer als auch Langobarden und
Franken da waren. Die Stadt lag schon immer
verkehrsgünstig an den Handelsrouten von Süden nach Norden. Auch in Bassano forderte die
Pest in mehreren Wellen ihre Opfer. Später litten
ihre Bewohner unter den Napoleonischen Krie-
gen und unter der Besatzung der Habsburger.
Vor Ende des Ersten Weltkrieges kam der Stadt
im Kampf Italiens und seiner Verbündeten gegen
die k. u. k.- Armee am Piave und Monte Grappa
eine besondere strategische Bedeutung zu.
Nach dem gewonnenen Krieg wurde der Name
daher von Bassano Veneto auf Bassano del Grappa abgeändert. So sollte die Stadt als heldenhaft
in Erinnerung bleiben.

Ein typisches Produkt der Region ist neben
dem Grappa die kunstvoll gestaltete und verzier-
te Keramik. Die Straßen und Gassen im Nahbereich der Ponte bieten eine Vielzahl von Keramik-
fachgeschäften, Antiquitäten- und Feinkostläden
oder Grapperie.

PROVINZ VICENZA

Besuchenswert ist der beschilderte Aussichtspunkt am rechten Ufer der Brenta. Er bietet einen schönen Blick auf die Ponte degli Alpini und auf die Altstadt.

Ein wirklich herausragendes Ristorante besitzt Bassano nicht. Doch finden sich im Stadtkern und im ländlichen Bereich durchaus besuchenswerte Trattorie und Osterie.

Osteria Alla Riviera. *Im nordöstlichen Stadtteil S. Giorgio, westlich der Brenta und unweit des Stadtkernes, ist diese Osteria zu finden. Kunst und Krempel dominieren die ansonsten einfache Ausstattung. Typische regionale Cucina casalinga wird vom sehr zuvorkommenden Personal serviert.*

Destilleria Nardini. *Direkt am linken Ufer der Ponte (Fließrichtung) ist diese urige Grappa-Verkostungsinstitution zu finden. Der Name Nardini ist in Bezug auf Grappa landesweit bekannt. An der Theke oder in einem der Probierräume kann die Spezialität der Stadt glasweiße probiert und flaschenweiße gekauft werden.*

Destillerie Poli. *Die Destillerie Poli gehören zu den Brennern, die höheren Ansprüchen gerecht werden. Dem Verkaufs- und Probierräumen ist ein kleines Grappa-Museum angeschlossen. Auch bei Poli kann der Grappa vorher glasweise verkostet und dann in oft kunstvoll gestalteten Flaschen oder Fläschchen gekauft werden.*

Osteria Alla Riviera
Via S. Girogio 17
Bassano del Grappa
Tel. 0424/503700
Geöffnet über Mittag bis 15.00 Uhr und abends ab 18.00 Uhr Montag und Dienstagabend geschlossen

Destilleria Nardini
Via Bartolomeo Gamba 2
Bassano del Grappa

Destillerie Poli
Via Bartolomeo Gamba 8
Bassano del Grappa

Wer sich über die steile Straße dieser Via Bartolomeo Gamba hinauf bemüht, findet oben im Haus Nummer 37 ein Geschäft für Weine, Grappe und Liköre und gleich daneben (Nummer 41) die Enoteca Vino da Michele mit einer großen Auswahl an Weinen und Spirituosen.

Gleich ums Eck der Destillerie Poli finden Feinschmecker in der Via B. Ferracina 15 bei Rosini Emporio eine wahre Fundgrube an Spezialitäten. Getrocknete Steinpilze, eingelegtes Gemüse, Honig, Spirituosen, Würste und vieles mehr wird hier appetitlich präsentiert und verkauft.

Beim Flanieren durch die Altstadt kommt man südöstlich der Ponte degli Alpini unweigerlich zur Piazza Liberta. Die ist zum einen wegen ihrer Arkaden und alten Häuser sehenswert, zum anderen wegen der dort befindlichen Bottega del Pane besuchenswert. Das Geschäft bietet verschiedenes, typisches und einzigartiges Gebäck aus der Region an.

VON SPARGEL, SCHWEINSWÜRSTEN UND TAUBEN IM SPECKMANTEL

Ein kulinarisches Aushängeschild ist der Spargel. Hier wird er gerne mit Butter oder Essig und Öl übergossen oder auch mit Käse gegessen. Im Frühjahr dominiert er die Speisekarten vieler Lokale in der Region. Bodenständige Gerichte sind unter anderen die auch weiter östlich unter ähnlichem Namen bekannte paste e fasoi (Pasta und Bohnen), risi e sparasi (Reis und Spargel), toresani al spedo (Tauben im Speckmantel) oder polenta e luganeghe (Polenta mit kalter Schweinswurst). Eine regionale süße Versuchung ist der Putana Kuchen. Er wird aus Maismehl und weißem Mehl, versetzt mit getrockneten Früchten, Nüssen und dem unvermeidlichen guten Glas Grappa gebacken.

SEHENSWERTES. Bassano hat neben den Destillerien und der Ponte degli Alpini auch einige besuchenswerte Museen zu bieten. Sie sind durchwegs gut beschildert.
Überdies gibt es in der Stadt mehrere Kunstgalerien, die all jenen Interessenten, die hier einen klaren Blick bewahren können, Sehenswertes zeigen.
Wochenmärkte werden in der Altstadt am Donnerstag und Samstag vormittags abgehalten.

PROVINZ VICENZA

SEHENSWERTES:

Stadtmuseum mit Bibliothek
Piazza Garibaldi
Nur montags geschlossen

Keramik Museum
Palazzo Sturm
Via Ferracina
Nur montags geschlossen

Museum der Alpini
Via Angarano 2
Nur montags geschlossen

Die überdachte
Holzbrücke Ponte
Vecchio/Ponte
degli Alpini über-
spannt in Bassano
den Fluss Brenta.

Die Villen. *Die Villen in der Umgebung sind ehemalige Sommersitze (16. und 17. Jahrhundert) venezianischer Familien.*

Nördlich der Stadt ist in Romano d`Ezzelino die Villa Cornaro zu finden.

Im Dorf Mussolente, wenige Kilometer östlich von Bassano an der SS 248, steht die Villa Negri, die heute Piovene heißt.

Südlich der Stadt liegt in Rosa die Villa Dolfin Boldù.

Ein Vorbild venezianischer Architektur ist die Villa Moroscini in Cartiliano, südwestlich von Bassano. Sie befindet sich im Besitz der Gemeinde.

Auf den Namen eines Adelsgeschlechtes stößt der Reisende in und um Bassano bei Orts- und Dorfnamen, Villen oder Ausstellung immer wieder. Es ist dies das Geschlecht der Ezzelini. Sie gingen vor allem als mittelalterliche Tyrannen in die Geschichte ein. Der blutrünstige Ezzelino III. kämpfte im 12. Jahrhundert an der Seite Friedrich des II., dem Herrscher der Marken, bei Schlachten zwischen Treviso und Verona. Ezzelino III. wurde wegen seiner Taten vom Papst verstoßen.

Monte Grappa: Stacheldraht, Kavernen und Käse

Blutgetränkt und schicksalshaft ist auch die Vergangenheit des Monte Grappa. Der Gipfel des im Ersten Weltkrieg so bedeutenden Berges liegt auf 1775 Meter Seehöhe. Der mächtige Koloss prägt auch das Bild der Stadt an der Brenta. Die Strada

Cadorna, so benannt nach dem italienischen Feldherrn aus dem Ersten Weltkrieg, führt von Romano d`Ezzelino über 28 kurvenreiche Kilometer, die beizeiten einen herrlichen Ausblick gestatten, hinauf bis kurz unter den Gipfel des Monte Grappa. Der lässt sich auch von weniger Geübten leicht erwandern. Oben finden Hobbyhistoriker mit offenem Auge in den pockennarbigen Flanken des Berges noch immer Trichter von Artillerieeinschlägen. Schützengräben, Geschütze, Kavernen, ein monumentales Beinhaus, eine Kapelle, ein Schutzhaus, Almhütten und Gedenkstätten locken Jahr für Jahr viele Menschen in diese heute so friedliche Almregion. Das Beinhaus wurde wie viele andere auch 1935 in der Zeit Mussolinis errichtet. Die Gebeine von 12.615 Gefallenen verschiedener Nationen ruhen dort. 10.332 Gefallene konnten nicht identifiziert werden. Nahe dem Gipfel erklärt eine metallene Windrose die Gipfel der Umgebung. Der gesamte Gipfel des Grappa wurde seinerzeit zum Bollwerk gegen die feindliche österreichische Armee ausgebaut.

Heute genießen viele Besucher die kulinarischen Freuden des ehemals uneinnehmbaren Berges. Kleine Sennereien und Käsereien liefern wichtige Grundprodukte dafür. Zwei Käsesorten sind für den Berg typisch. Morlacco und Bastardo werden sie genannt. Gerichte werden daher oft mit frischen Kräutern, der unverzichtbaren Polenta, Käse und Pilzen zubereitet. In den tiefer liegenden Regionen des Monte Grappa kommen dann noch Forellen, Kaninchen, Maroni und Honig als Grundprodukte dazu.

Marostica

Invasionen barbarischer Völker, Kleinkriege zwischen regionalen Feudalherren und Herrscherfamilien machten es im Mittelalter für die Menschen auch im Veneto notwendig, ihre Städte mit mächtigen Mauern zu umgeben. Auf unserer Reise sind Marostica und Soave solche historischen Städte, deren Stadtmauern zur Gänze oder zumindest weitestgehend erhalten geblieben sind.

Marostica, das 7.000 Einwohner zählt, liegt in westlicher Richtung etwa sieben Kilometer von Bassano del Grappa entfernt und lässt sich, so ferne man will, von dort aus auch mit dem Fahrrad entdecken. Berühmt ist das Städtchen für seine Stadtmauer, die 1370 von den Scaligern errichtet wurde. Sehenswert sind das Castello Inferiore und das Castello Superiore. Beide können in Verbindung mit einem Spaziergang, der bestimmt in Erinnerung bleibt, besichtigt werden.

Herzstück der Stadt ist jedoch das Schachbrett in der Größe einer Piazza vor dem Castello Inferiore, in dem das Rathaus untergebracht ist. Ein wahrer Publikumsmagnet ist dort die im September durchgeführte »La Partita a scacchi«, das Schachspiel mit lebenden Figuren in mittelalterlichen Kostümen. Dieses Schachspiel geht auf ein historisches Ereignis im Jahre 1454 zurück, als Marostica der Republik Venedig angehörte.

Wie so oft bei traditionellen Wettkämpfen in dieser Region waren auch hier Liebe und Streit zwischen zwei Adeligen um eine Frau Auslöser für diesen Wettstreit. Bei Rinaldo d`Angarano und Vieri da Vallonara war gleichzeitig die Liebe zu Lionora, der Tochter des gewählten Burgkastellan Taddeo Parisio, entbrannt. Dem Brauch der Zeit entsprechend wollten die beiden tapferen Krieger das Recht auf Heirat in einem blutigen Duell klären. Doch der künftige Schwiegervater war ein kluger Mann und traf eine salomonische Entscheidung. Anstelle eines blutigen Duells sollten die beiden verliebten Krieger in einer Schach-

partie um Lionora kämpfen. Die Schachpartie
wurde schließlich auf der Piazza vor dem Castello Inferiore angesetzt und im Beisein von Rittern,
Soldaten verschiedener Waffengattungen, Edel-
leuten, Falknern, Pagen, Musikanten und dem ge-
meinen Volke durchgeführt.

Der Tradition folgend wird diese »Partita a
scacchi« auch heute noch in all der Pracht mittelalterlichen Brauchtums zelebriert.

Hotel-Ristorante Due Mori. *Biegt der Reisende beim Stadtbummel im Zentrum Richtung
westliches Stadttor ab, so leuchtet ihm schon
nach wenigen Schritten goldgelb das gastliche Haus entgegen. Eine leichte, auf Fanta-
sie setzende Küche wird im eleganten Ambiente des Due Mori geboten. Wobei die
regionalen Produkte nicht zu kurz kommen
und gerne mit Fisch und Meeresfrüchten
kombiniert werden. Auch das Weinangebot
kann sich sehen lassen. Für Herbergesuchen-
de gibt es Zimmer im Haus.*

KULINARISCHER
TIPP:

**Hotel-Ristorante
Due Mori**
Corso Mazzini 73
Marostica (VI)
Tel. 0424/73693
Mittwoch Ruhetag

MUSEUM:

Castello Inferiore
Piazza Castello 1
Marostica (VI)
Geöffnet von
9.30–12.00 Uhr und
von 14.30–18.00 Uhr

PROVINZ VICENZA

NACH ASIAGO UND BREGANZE
WEGEN KÄSE UND WEIN

Auf der Fahrt von Marostica nach Vicenza und
natürlich auch umgekehrt, gibt es einige Gründe,
einen kulinarischen Seitensprung zu wagen. Ein
würziger, schnittfester Grund dafür wäre der
Käse von Asiago. Das Städtchen liegt auf einem
den Dolomiten vorgelagerten Hochplateau auf
einer Seehöhe von knapp 1.000 Meter.

**Käse aus Asiago
gilt als Spezialität**

Asiago, die Stadt des Käses

Gleich mehrere landschaftlich stets reizvolle Möglichkeiten gibt es, um mit dem Auto nach Asiago, auf dem Hochplateau der Sette Comuni (Sieben Gemeinden), zu gelangen. Am schnellsten gelingt dies, aus Deutschland, der Schweiz oder Österreich kommend über die A 31, vorbei an Vicenza und Thiene.

Diese – nur landschaftlich unruhige – Hochebene auf etwa 1.000 Meter Seehöhe gelegen, erstreckt sich wie ein riesiger Balkon am Südrand der Alpen. Der Hauptort dieser Sieben Gemeinden ist eben das Käsestädtchen Asiago. Landschaftliche Schönheit, gute Luft, der Käse und eine Vielzahl an Sommer- und Wintersportmöglichkeiten wie Mountainbiking, Schwimmen, Reiten, Wandern, Bergsteigen, Drachenfliegen, Golfen, Eislaufen, Schi- und Langlaufen locken Jahr für Jahr viele Touristen auf das Hochplateau. Sanfte grüne Matten und prächtige Tannenwälder prägen die Landschaft unter dem Felsenmeer (mare di pietra).

Die Sieben Gemeinden, und damit auch Asiago, standen im Laufe der Kriegshandlungen des ersten großen Krieges, wie man hierzulande sagt, strategisch immer wieder im Mittelpunkt. Vor allem in der Endphase und im Zusammenhang mit der Front am Piave und am Monte Grappa. Ein mächtiges Monument im Osten des Städtchens erinnert noch heute weithin sichtbar an diese Zeit und die hier Gefallenen. Einen großen Teil der damals entstandenen Kriegsstraßen nützen heute die Bergradler in friedlicher Absicht.

DIE ZIMBRER

Die Geschichte des »Altopiano« ist aber auch eng mit der Geschichte der Zimbrer, einer altdeutschen Sprachgruppe, die seit 1100 hier oben siedelt, verbunden. Die Zimbrer kamen aus Tirol und Bayern hierher. Sie schufen die Republik der Zimbrer und waren bis 1807 ein autonomes Mitglied

**Auch im Zentrum
von Asiago grüßt
von hoch oben
der Markuslöwe.**

der Republik Venedig. Erst Napoleon machte der Zimbrischen Autonomie ein Ende. Das Zimbrische gilt heute als die älteste erhaltene Mundart, die außerhalb des deutschen Sprachraumes gesprochen wird. Asiago nennen die Zimbrer in ihrer Sprache Schlége.

Da die Sieben Gemeinden in einer Höhe liegen, auf der kein Silomais mehr gedeiht und die Kühe sich über viele Monate des Jahres von frischem Grün ernähren können, besitzt die Käseproduktion hier oben natürlich eine lange Tradition und einen besonderen Stellenwert. Wegen seiner Qualität besitzt der »Asiago« Italien-weit einen besonderen Ruf. Je nach Alterungsgrad vereint er zwei Geschmäcker in einem Laib. Im regionalen Dialekt nennt man ihn den »Pegorin«. Doch der »Asiago« besteht zu 100 Prozent aus Kuhmilch. Das gute Stück, ein ganzer Laib, versteht sich, misst 37 Zentimeter im Durchmesser bei einer Höhe von 15 Zentimeter. Am Gaumen zeigt er sich recht mild. Seine Farbe reicht, je nach Alter, von Strohgelb bis zu Brauntönen. Die Lochung ist klein bis mittelgroß und nicht sehr dicht. Erhältlich ist der »Asiago« in vielen Feinkostläden Oberitaliens.

Laut Käsemachern munden zu einem jungen »Asiago« ganz besonders die Weine aus der Umgebung wie Colli Berici, roter Tocai, roter Breganze oder Trentino Marzemino.

Den reiferen »Asiago« hingegen verspeist man am besten in Begleitung von lokalem Cabernet, Pinot Nero oder Teroldego Rotaliano aus dem Trentino.

PROVINZ VICENZA

Der Mensch
verdrängte die
Tauben (oben).
Geschichtsträch-
tige Steine ver-
schließen ein Tor
im Zentrum von
Breganze (unten).

Breganze: Die Heimat des Vespaiolo

Etwa 15 bis 20 Kilometer nördlich von Vicenza dehnt sich rund um den Ort Breganze das gleichnamige Weinbaugebiet aus. Der ganze Stolz dieses Gebietes ist die traditionelle Rebsorte Vespaiolo, deren Name sich von den Wespen ableitet, die, wenn die Trauben ihr Reifestadium erreichen, dieselbigen in Schwärmen umkreisen. Beim Vespaiolo handelt es sich um einen klassischen Dessertwein, der im Lande einen guten Ruf genießt. Er präsentiert sich goldgelb bis bernsteinfarben, besitzt einen intensiven Honigduft und eignet sich durchaus für eine lange Lagerung.

Das Weinbaugebiet erstreckt sich rund um den Ort Breganze und reicht bis an die Ufer der Flüsse Astico und Brenta. Der landschaftliche Übergang vom Bergland zur Ebene schafft ein mildes Kleinklima mit genügend Feuchtigkeit. Die meisten Weingärten sind auf südseitigen Hanglagen angepflanzt. Das Gebiet gehört seit 1968 zu den DOC-Anbauzonen (Denominazione di Origine Controllata) mit kontrollierter Herkunftsbezeichnung.

Auch Breganze besitzt eine Weinstraße, die, gut beschildert, ins beschauliche Hinterland führt. Der Ortskern selbst zeigt sich, dank der weitläufigen Piazza, überschaubar und wird von der mächtigen Kirche dominiert.

Mittwochvormittag ist hier Markttag. Von Fisch über Textilien und Schuhe reicht das Warenangebot bis zu regionalen und nationalen

Käsespezialitäten. Die meisten Bewohner, vor allem die Alten, scheinen an diesem Tag in dem ansonsten verträumten Ort auf den Beinen zu sein. Als kulinarische Einkehr empfiehlt sich die kleine, gemütliche Trattoria in der Gasse westlich des Campanile.

Trattoria La Cusineta. *Regionale Spezialitäten und die bei den Einheimischen so beliebten »Toresani«, sprich Tauben, werden hier zubereitet und serviert. Verwendung finden dafür bevorzugt junge Tauben, die nach alten Rezepten am Spieß (Spiedo) gebraten oder im Fogolar gegrillt werden. »Toresani al speo« nennen die Einheimischen das Gericht.*

Maculan. *Maculan ist mit seiner richtungsweisenden Linie und seinem modern eingerichteten Keller der Vorzeigewinzer dieses Weinbaugebietes, der darüber hinaus Jahr für Jahr landesweit mit den großen und bekannten Winzern mithalten kann. Hoch bewertet werden sein Cabernet Sauvignon Palazzoto, der Torcolano, die Chardonnays Riale, Ferrata und der Fratta.*

Cantina Beato Bartolomeo da Breganze. *Was man andernorts Cantina Sociale nennt, wurde in Breganze nach einem Bischof aus dem 12. Jahrhundert benannt. Die Jahresproduktion der Cantina beträgt 160.000 Hektoliter. Das Angebot reicht vom Marzemino bis zum Vespaiolo und umfasst natürlich auch das gesamte klassische regionale Programm.*

KULINARISCHER TIPP:

Trattoria La Cusineta
Contrada Pieve 19
Breganze (VI)
Montag Ruhetag
Geöffnet 12.00–14.00 Uhr
und 20.00–22.00 Uhr

WEINTIPPS:

Maculan
Via Castelletto 3
Breganze (VI)
Tel. 0445/873733

Cantina Beato Bartolomeo da Breganze
Genossenschaft
der Region
Breganze (VI)

Die Heimat des Andrea Palladio

Bassano del Grappa liegt ja bereits in der Provinz Vicenza. Von der Stadt an der Brenta führt uns der Weg nun in südwestliche Richtung weiter. Die Provinzhauptstadt und ihr Hinterland gelten, trotz Palladios Zeit in Venedig, als Heimat des großen Architekten und Bauherrn. Doch diese Provinz hat, um dem Grundgedanken dieses Reiseführers gerecht zu werden, auch interessante kulinarische Facetten zu bieten. Da wäre zum einen der Käse von Asiago, dem sympathischen Städtchen auf der Hochebene der Sieben Gemeinden (Sette Comuni), zu erwähnen und natürlich das kleine Weinbaugebiet um Breganze.

Doch widmen wir uns vorerst dem großen Andrea Palladio. Denn Venedig und die Terra Ferma, das Hinterland der Lagunenstadt und damit natürlich Vicenza, waren die wichtigsten Schaffensgebiete des größten italienischen Architekten des 16. Jahrhunderts.

Im Jahre 1508 wurde Andrea als Sohn eines Müllers namens di Pietro in Padua geboren. Früh begann der junge Mann in Vicenza mit der Ausbildung als Steinmetz. Aber erst spät begegnet er seinem Förderer, dem adligen Dichter und Schriftsteller Giangiorgio Trissino. Der ermöglicht dem Steinmetz Bildungsreisen nach Rom und intensive Studien der antiken Architektur. Die Auseinandersetzung mit dieser Architektur und ihren Bauregeln wurde für Palladio schließlich zur wichtigen Grundlage seiner Kunst. Eine seiner Grundregeln lautete:

Wenn das Ganze mit den Einzelheiten,
die Einzelheiten untereinander und die
Einzelheiten mit dem Ganzen harmonieren,
dann ist die Schönheit erreicht.

Der Dichter Trissino war es auch, der aus Andrea di Pietro, in Anlehnung an die Göttin Pallas Athene, Andrea Palladio machte. Seine Arbeit als Ar-

Blütenpracht
rankt sich aller-
orten altes Ge-
mäuer empor.

chitekt begann dann in den vierziger Jahren. Ein erster großer Erfolg war am 11. April 1549 seine Ernennung zum Hauptarchitekten beim Bau der so genannten Basilica in Vicenza. Spät aber schnell erarbeitete sich Palladio einen bedeutenden Namen. Er wurde zum Lehrmeister des Europäischen Klassizismus und bevorzugte in seiner Architektur antike Ordnungen und Formen. Typisch für seinen Stil sind die durch zwei Stockwerke durchgehenden Pilasten. Wegen Arbeitsüberlastung musste er sogar eine Einladung des Wiener Hofes absagen. Andrea Palladio hat zahlreiche prächtige Bauten geschaffen und sich so selbst Denkmäler gesetzt. Dazu gehören Villen wie Piovene in Lonedo, Barbaro in Maser, Foscari in Malcontenta, die Rotonda in Vicenza, der Palazzo Thiene in Vicenza, Kirchen wie S. Giorgio Maggiore und Il Redentore in Venedig oder das Tempietto in Maser. Prächtige öffentliche Bauten sind das Teatro in Vicenza oder die Ponte vecchio in Bassano del Grappa.

Andrea Palladio, von dem ansonsten relativ wenig überliefert ist, war verheiratet und hatte vier Söhne und eine Tochter.

Seine letzten Werke waren das Teatro Olimpico in Vicenza und das Tempietto in Maser, das er für seinen venezianischen Freund und Mäzen Marcantonio Barbaro nahe der gleichnamigen Villa errichtete. Noch vor der Fertigstellung starb Andrea Palladio im Jahre 1580.

Seitensprung nach Vicenza

Geheimrat Goethe schaute laut Eintragung in seinem »Tagebuch der italienischen Reise« schon 1786 in Vicenza vorbei. Für Architekturliebhaber sind die Stadt und ihr Umland auch heute eine Reise wert. Schmuckliebhaber kennen Vicenza als die Stadt des Goldes. Fußballfans ist der Club Vicenza Calcio ebenfalls ein Begriff. Die florierende Wirtschaftsmetropole liegt, um es zeitgemäß auszudrücken, im Autobahnwinkel A 4–A 31. Die A 4 verbindet Venedig mit Verona, und die A 31 ist die östlich von Vicenza abzweigende und nordwärts führende Autobahn, die oberhalb von Thiene am Fuße der Alpen endet. Sie ist gleichzeitig der schnellste Zubringer zur Hochebene der Sette Comuni.

Vicenza, Hauptstadt der gleichnamigen Provinz, liegt auf 39 Meter Seehöhe und zählt 116.000 Einwohner. Fährt man von Süden her in die Stadt, dann überragen an klaren Tagen die Ausläufer der Alpen die Stadt wie eine mächtige Kulisse.

Schon im Jahre 49 vor Christus gab es hier ein römisches Munizipium. Die freie Comune Vicenza (1110) schloss sich in der Folge der Lega Veronese an, die schließlich Friedrich Barbarossa besiegte. Später war die immer wieder ein Streitobjekt für die Herrschergeschlechter der Carraresi, Scaligeri und Visconti.

Im Jahre 1405 kam Vicenza, wie andere Städte des Veneto auch, zur Republik Venedig. Das bescherte der Stadt bis zur Machtübernahme der Österreicher 400 friedliche Jahre. In diese Zeit fiel bekanntlich auch die Schaffensperiode des Andrea Palladio. Doch die Stadt besaß schon vor ihm bedeutende Kunst- und Architekturschätze. Im Jahre 1866 schloss sich dann Vicenza dem Königreich Italien an. Unter den Kriegswirren des Zweiten Weltkrieges litt auch Vicenza stark. Unter anderem wurde damals der Dom schwer beschädigt und 1950 zum Teil neu errichtet.

STADT DER KUNST UND ARCHITEKTUR

Vicenza ist, so meinen die Einheimischen, eine manchmal unter ihrem Wert gehandelte Renaissancestadt. Denn ihr Zentrum ist ein wahres Paradies für Architekturinteressierte. Ein Spaziergang durch die Altstadt führt an einer stattlichen Anzahl von sehenswerten Baulichkeiten vorbei. Mittelpunkt ist die Piazza dei Signori mit der Basilika und ihren prächtigen, von Palladio 1549 errichteten Loggien. Ein Orientierungspunkt im Zentrum ist der schlanke, 82 Meter hohe Backsteinturm Torre di Piazza. Er wurde im 12. Jahrhundert errichtet und in den Jahren 1311 und 1444 weitere Male aufgestockt.

Ihm schräg gegenüber liegt die Loggia del Capitaniato, deren hohe Arkaden 1571 von Palladio entworfen wurden.

Ein winkeliger Rundgang im Uhrzeigersinn führt um die Basilika herum auf die Piazza delle Erbe, die am Fuße des Torre del Tormento liegt. Hier spielt sich das Marktleben der Stadt ab. Die Piazza ist daher ein interessanter Treffpunkt für Hausfrauen, Hobbyköche und Feinschmecker. Gleich ums Eck steht das Denkmal des Andrea Palladio. Ein Abstecher hinunter zum Fluss Retrone führt vorbei am Quartiere delle Barche, wo Paläste aus dem 14. Jahrhundert im Stile der venezianischen Gotik zu sehen sind. Von der Steinbrücke Ponte San Michele, die aus dem 16. Jahrhundert stammt, kann der Besucher einen schönen Blick auf die Stadt werfen.

An der Contra Proti steht die Casa Pigafetta. Es ist dies das Geburtshaus eines großen Sohnes der Stadt. Antonio Pigafetta umsegelte 1519 mit Magellan die Welt.

Der Rundgang führt nun weiter zur Piazza del Duomo. Er wurde im Zweiten Weltkrieg schwer beschädigt.

Am Corso Andrea Palladio steht mit dem Palazzo Valmarana eines seiner bedeutenden Bauwerke, das allerdings erst hundert Jahre nach seinem Tod vollendet wurde.

Elegante Pallazi sind auch an der Contrà Porti zu bewundern. Contrà steht im Vincenzer Dialekt für den Begriff Straße.

Folgt man dem Corso Andrea Palladio in nordöstlicher Richtung, so mündet er in die Piazza Matteotti. Dort ist das Museo Civico zu finden. Ihm gegenüber steht das sehenswerte Teatro Olimpico mit seiner Perspektivbühne. Die Planung des Theaters wurde noch im Jahre 1580, dem Todesjahr von Palladio, von diesem begonnen und von seinem Schüler Vicenzo Scamozzi bis März

1585 fertig gestellt. Das Teatro Olimpico bietet etwa 1.000 Besuchern Platz. Der Zuschauerraum in Form eines Halbovales wurde nach Vorbild der Amphitheater geplant. Durch geschickt gestaltete Perspektiven erhält der Zuschauer den Eindruck großer Weite. Noch heute kommen auf der Bühne des Teatro antike griechische Dramen zur Aufführung. Sehenswert sind in dem Gebäudekomplex überdies das Arsenalsportal, die Innenhofskulpturen, der Hof selbst mit dem Zugang zur Hauptkasse und die Fresken im Odeon.

Kunstinteressierte sollten einen Ausflug in die Umgebung mit einplanen. Wenige Kilometer südlich der Stadt steht die Wallfahrtskirche Basilica di Monte Berico, zu der alljährlich unzählige Gläubige pilgern. Die Piazza vor der Basilica bietet einen schönen Blick auf Vicenza, den Monte Pasubio und den mächtigen Monte Grappa.

In der Nachbarschaft ist dann, vorbei an der Villa Valmarana – in ihr sind Fresken von Tiepolo zu sehen –, mit »La Rotonda« eines der erwandernswerten und bekanntesten Werke Palladios zu finden. Es handelt sich dabei um einen überkuppelten Quadratbau. Er wurde 1550 vom großen Meister begonnen und 1660 von seinem Schüler Scamozzi vollendet.

Villa Valmarana. *Von Mitte März bis Ende November zu besichtigen.*
La Rotonda. *Die Villa ist von Mitte März bis Mitte Oktober täglich zu besichtigen. Der Garten steht Besuchern das ganze Jahr über offen.*

BESUCHENSWERT:

Villa Valmarana
Via die Nani 12
Vicenza Süd
Tel. 0444/543976

La Rotonda
Via della Rotonda 25
Vicenza Süd
Tel. 0444/8791380

KULINARISCHER
TIPP:

Osterie Il Cursore
Stradella Pozzetto 10
Vicenza
Tel. 0444/323504
Dienstag Ruhetag

BESUCHENSWERT:

Museo Civico
Piazza Matteotti
Vicenza
Tel. 0444/321348
Montag geschlossen

KULINARISCHER TIPP. *Zur Zeit meiner Recherchen besaß Vicenza kein wirklich herausragendes Restaurant. In der Innenstadt, und die ist für den Reisenden interessant, bieten die Osterie regionale und die diversen Ristoranti meist nationale Spezialitäten an.*
Osterie Il Cursore. *Südlich der Basilica liegt dieser Dauerbrenner der kulinarischen Szene Vicenzas. Im rustikalen Ambiente wird das serviert, was der müde Stadt- und Kulturwanderer ohnehin am liebsten zu sich nimmt: deftige, regionale Spezialitäten. Das können die schon oftmals erwähnten Paste sein oder Herzhaftes vom Grill bis hin zum »Goulasch«.*

GOETHE WAR AUCH IN VICENZA

In sein Tagebuch der italienischen Reise für Frau von Stein schrieb Johann Wolfgang von Goethe am 19. September 1786 Folgendes, und dies sei in loser Form wiedergegeben:

»Vor einigen Stunden bin ich hier angekommen und habe schon die Stadt durchlaufen, das Olympische Theater und die Gebäude des Palladio gesehen. Von der Bibliothek kannst du die in Kupfer haben, also sag ich nichts, nenn ich nichts, als nur im allgemeinen.

Wenn man diese Wercke nicht gegenwärtig sieht, hat man doch keinen Begriff davon. Palladio ist ein recht innerlicher und von innen heraus groser Mensch gewesen.

Die größte Schwürigkeit ist immer die Säulenordnungen in der bürgerlichen Baukunst zu brauchen. Säulen und Mauern zu verbinden, ist ohne Unschicklichkeit beynahe unmöglich, davon mündlich mehr. Aber wie er das durcheinander gearbeitet hat, wie er durch die Gegenwart seiner Wercke imponirt und vergessen macht dass es Ungeheuer sind. Es ist würcklich etwas göttliches ...

... Das Olympische Theater ist, wie du vielleicht weißt, ein Theater der Alten realisirt. Es ist unaussprechlich schön ...

... Was sich die Basilika des Palladius neben einem alten mit ungleichen Fenstern übersäten Kastelähnlichen gebäude ausnimmt, das er sich gewiß zusammt dem thurm weggedacht hat, lässt sich nicht ausdrucken ...

... Der Weg von Verona hierher ist sehr angenehm, man fährt Nordostwärts an den Gebürgen hin und hat die Vorderberge, die aus Kalck, Sand, Thon, Mergel bestehn immer lincker Hand; auf den Hügel, die sie bilden, liegen Orte, Schlösser, Häuser dann folgt die weite Plaine durch die man fährt. Der gerade, gut erhaltene, weite Weg geht durch fruchtbares Feld, an Reihen von Bäumen sind die Reben in die Höhe gezogen, von denen sie, als wärens die Zweige, herunter fallen. Hier kann man sich eine Idee von Festons bilden. Die Trauben sind zeitig und beschweren die Rancken, die lang und schwanckend herunter hängen, der Weg ist voll Menschen aller Art und Gewerbes, besonders freuten mich die Wagen, die mit 4 Ochsen bespannt, grose Kufen fuhren, und gestampft werden, es standen meist die Führer drinne und es sah einem bachischen Triumphwagen vollkommen gleich. Zwischen den Weinreihen ist der Boden zu allerley Arten hiesigen Getraides besonders Türckisch Korn und des Sorgo benutzt. Wenn man gegen Vicenz kommt, streichen wieder Hügel von Nord nach Süden es sind vulkanische, schliesen die Ebne, und Vicenz liegt an ihrem Fuße, und wenn man will in einem Busen den sie bilden.«

KÖSTLICHKEITEN DER PROVINZ

Die berühmteste Spezialität der Stadt und der Provinz Vicenza ist Baccalà, das weiße, weich geklopfte, pürierte und gewürzte Gericht vom Stockfisch. Verwendet wird dafür der aus nordischen Gewässern kommende Kabeljau. Baccalà alla vicentina kommt immer weiß und ohne Zugabe von Tomaten auf den Tisch. Das Gericht hat den Namen der Stadt in viele Küchen Oberitaliens getragen. Serviert wird Baccalà meist mit

Junge Triebe und
alte Rebstöcke.

einem Flan aus Polenta, den man zusätzlich mit einer Tomatensoße übergießt.

Im Frühjahr zählt frischer Spargel mit Eiern zu den Spezialitäten der Provinz.

»Bigoli con arna« ist ein regionales Nudelgericht mit Entenragout. Die »Bigoli« sind unregelmäßig geformte Nudel und in ihrer Form den Spaghetti-Nudeln ähnlich.

Der Prosciutto Berico-Euganeo wird von Vicenza bis hinunter in die euganäischen Hügel in der Provinz Padua serviert. Verwendung findet er auch als Fülle für Tortellini und Ravioli. Eine beliebte Süßspeise ist das Kringelgebäck Bussolà vicentino. Sein Teig besteht aus viel Ei. Getränkt wird das Gebäck mit Alkoholika wie Grappa oder Marsala.

Typische Weine der Provinz Vicenza sind der Garganega und der Tocai rosso. Der Tocai rosso wird beizeiten aus 85 Prozent der namensgebenden Rebe und 15 Prozent Garganega gekeltert.

Provinz Verona

Ostansicht der
Festung Soave;
Garganega-Reb-
stöcke wachsen
für den Soave.

Die Festungsstadt Soave

Ein Pflichttermin für jeden Weinreisenden sollte die Festungsstadt Soave sein. Sie könnte auch die rote Stadt genannt werden. Denn im Sonnenuntergang leuchten ihre alten Stadtmauern und das darüber thronende Castello, wohl wegen des hohen Ziegelanteiles im Gemäuer, weithin sichtbar rot.

Die kleine Stadt selbst bietet dem Besucher stille Gassen und Winkel. Wer das südliche Tor durchschreitet, findet schon geradewegs in der Via Roma mehrere Vinotheken, in denen bemerkenswerte Weine aus dem Soave und aus dem benachbarten Valpolicella offeriert werden. Meist fehlen auch großen Weine aus anderen prominenten italienischen Weinbaugebieten nicht. Das Schöne an der Weinverkostung ist auch hier der Umstand, dass große Weine oftmals ganz einfach glasweise zur Verkostung bereit stehen.

Am Abend wird es wochentags bald still in der alten Festungsstadt. Nur auf der Brücke, die über den Stadtgraben führt, treffen sich Alte und Junge zum lautstarken Gedankenaustausch.

Ristorante Lo Scudo. *Kommt man vom Süden her in die Stadt, so weist schon vor der Stadtmauer ein Schild linker Hand den rechten Weg zum Ristorante. Das hat dem Gast vorerst ein bildschönes Ambiente samt Rauchverbot in den Speiseräumlichkeiten zu bieten. So etwas schätzen ja immer mehr Genießer. Die Küche selbst wird ebenfalls hohen An-*

PROVINZ VERONA

135

sprüchen gerecht. Vor allem, wenn man die fantasievolle Zubereitung bevorzugt. Ob sich der Gast für einen vegetarischen Teller, »gamberoni croccanti« an Gemüsetartar, mariniertes Rindfleisch mit Spargel, Entenbrust mit Traubensoße, gratinierten Branzino an Pinienkernen, ein Risotto mit Rosmarin und Monte Veronese, der regionalen Käsespezialität, oder Koteletts (costolette) vom Lamm (agnello) entscheidet, er isst hier fürstlich. Für Unentschlossene stehen zwei Degustationsmenüs in unterschiedlichen Preisklassen zur Wahl. Die Weinauswahl des »Lo Scudo« kann als exzellent bezeichnet werden.

WEINTIPPS. Die innerhalb einer kurzen Wegstrecke im historischen Stadtzentrum gelegenen Weinverkostungslokale bieten in erster Linie heimische Weine wie den Soave in all seinen Spielarten, und dann natürlich auch national bedeutende Weine, manchmal auch glasweise, an. Als Begleiter werden auf Wunsch kleine Imbisse serviert. Gleich nach dem Durchschreiten der Stadtmauer ist rechts die Verkaufsstelle der örtlichen Cantina Sociale zu finden.

KULINARISCHER
TIPP:

Ristorante Lo Scudo
Via San Matteo 46
Soave (VR)
Tel. 045/7680766
Sonntagabend und
Montag geschlossen

WEINTIPPS:

Enoteca del Soave
Via Roma
Soave

Cafe Casablanca
Via Roma 27
Soave

Enoteca Il Drago
Piazza Antenna 1
Soave

SEHENSWERT:

Castello
(Beschilderte Zufahrt)
Tel. 045/76800036
Geöffnet im Sommer
von 9.00–12.00 Uhr und
von 15.00–18.30 Uhr.
Im Winter von
9.00–12.00 Uhr und
von 14.30–17.30 Uhr.

Gleich hinter der historischen Loggia, auf der es sich an warmen Tagen gut aushalten lässt, ist ein mit Historie und Moderne ausgestatteter gastlicher Raum zu finden. Etwa 100 Weinsorten, vorwiegend aus dem Friaul, Südtirol, Trentino und dem Veneto stehen da neben Grappa und Olivenöl zum Verkauf. Eine schwarze Tafel preist schon draußen auf der Loggia die kleinen warmen Tagesgerichte an.

Die Heimat des Soave

Auch der Soave zählte zu den von Ernest Hemingway in seinen Romanen oft erwähnten Weinen. Der amerikanische Schriftsteller liebte offenbar den trockenen Weißen aus dem Veneto. Die alte, von den Scaligern im 14. Jahrhundert errichtete Festungsstadt Soave ist über die Autobahn, egal aus welcher Richtung der Reisende kommt, leicht zu erreichen und daher auch ein guter Ausgangspunkt für Fahrten durch das gleichnamige Weinbaugebiet. Von der Autobahnabfahrt ist es nur ein Katzensprung bis in die sehenswerte »rote« Festungsstadt.

Im Hügelland selbst wird der Boden intensiv genutzt. Während in anderen Weinbaugebieten die jeweiligen Flächen ausschließlich mit Rebstöcken bepflanzt werden, stehen hier oft Olivenbäume, Kirschen, Feigen und anderes Obst mit dem Weinstöcken auf engstem Raum in Reih und Glied. Das macht die Landschaft bunter und üppiger.

Das Kerngebiet des Soave, das Hügelland, das sich nördlich der Namen gebenden Stadt hinzieht, ist ein Eldorado für Wanderer, Radfahrer, Biker und Autobummler. Eine gewisse Romantik ist der Heimat der Garganega Traube nicht abzusprechen. Die oft schmalen Straßen führen durch kleine Dörfer und zu abgelegenen Höfen. Besonders im Frühjahr, wenn die Obstbäume blühen, sollte der Reisende einen Fotoapparat mit sich führen, denn lohnende Motive finden sich auf und zwischen den Weinhügeln zuhauf.

Schöne Rundfahrten nach eigenem Gutdünken und in beliebiger Länge lassen sich von Soave aus nach Osten und Westen hin in Angriff nehmen. Über Monteforte d'Alpone führt eine Straße durch das breite Tal des Flusses Alpone hinauf nach Montecchia di Crosara. Die Rebstöcke und Kirschbäume bestimmen dort das Landschaftsbild. Im Ortskern von Monteforte wartet eine besuchenswerte Enoteca auf Gäste.

PROVINZ VERONA

Feste für den
Gaumen haben
die Weinläden
in Soaves Via
Roma zu bieten.

Enoteca di Monteforte d'Alpone. *Die beeindruckenden Räumlichkeiten der Enoteca sind im Zentrum hinter dem Kriegerdenkmal über einen Gang zu erreichen. Dort werden kleine Imbisse oder schnelle Gerichte wie Pasta, Baccalà, Salate und eine große Weinauswahl geboten.*

Ristorante Baba Jaga. *Man biegt von der Hauptstraße Richtung Ortszentrum ab, folgt dort linker Hand der Straße, die auf die Hügel führt, um nach etwa 100 Meter (rechts) zur Via Cabalao zu kommen. Nach weiteren 100 Metern weist eine Messingschrift in großen Lettern auf weinrotem Grund den Weg zwischen Steinmauer und grüner Hecke zum Ristorante. Die breite Glasfront desselbigen lässt den Blick über den Ort und das Tal schweifen. In der warmen Jahreszeit, die dauert ja hier sehr lange, kann auch auf der Terrasse gespeist werden. Die schöne Aussicht wird offenbar in die Menüpreise kalkuliert. Doch Fisch und Meeresfrüchte, hausgemachte Pasta, bodenständige Gerichte mit Lamm und Ente in kreativer Form, leicht und bekömmlich zubereitet, sprechen für die Zauberer in der Küche. Erwähnenswert erscheinen mir auch der marinierte Stör, bestes regionales Olivenöl und die schwarze Trüffel aus der Gegend. Gegrillt wird auf Olivenholz.*

KULINARISCHE
TIPPS:

**Enoteca di
Monteforte d'Alpone**
Piazza Salvo d' Aquisto
Monteforte d' Alpone (VR)
Tel. 045/7613422

Ristorante Baba Jaga
Via Cabalao 11
Montecchia di
Crosara (VR)
Tel. 045/7450222
Sonntagabend und
Montag geschlossen

PROVINZ VERONA

Im Hinterland der Stadt Soave dehnt sich eine weit gespannte Hügellandschaft, die klassische Soave Region, hin. Weingarten reiht sich an Weingarten, oft so weit das Auge reicht. Von den Hügeln grüßen Weingüter oder alte Befestigungen. Die einzelnen breiten Täler sind über die Hügel hin leicht zu erreichen. Im Valle d'Illasi, nordwestlich von Soave, verschmilzt das Anbaugebiet des Soave mit dem des Valpolicella. Neu aus dem Boden gestampfte Cantine bezeugen den wirtschaftlichen Erfolg. Verwitterte Hinweisschilder tun dem Reisenden kund, dass er sich nun auf der Strada del Valpolicella befindet. Tatsächlich ist in Illasi mit Romano dal Forno auch schon ein Weinmacher von Format der neuen Valpolicella Weinbaugebiete ansässig.

Bis weit in das Frühjahr hinein grüßen auch hier die weißen Gipfel der Lessinischen Berge von Norden her. Kulinarisch besuchenswert ist im Valle d'Illasi der Ort Tregnago bzw. dessen etwa 1 km nordwestlich gelegener Vorort Marcenigo. Eine kleine Brücke führt über den Fluss hin zu einem Gutshof, der sich eng an die Hügel schmiegt. Als Wegweiser grüßt ein dahinter gelegenes, mit Zinnen geschmücktes Türmchen ins Tal.

KULINARISCHER
TIPP:
*Ristorante Villa
de Winckels*
Via Sorio 29
Marcenigo
Tregnago (VR)
Tel. 045/6500133
Montag Ruhetag

Ristorante Villa de Winckels. *In einem ruhigen Winkel des Tales ist fast am Ende der schmalen Zufahrtsstraße das Ristorante, dessen Gutshofvergangenheit ersichtlich ist, zu finden. Ein wenig versteckt liegt auch der Parkplatz. An der frischen Luft wird hier in der warmen Jahreszeit, vor aristokratisch wirkender Fassade, unter breiten Schirmen gespeist. Tradition und Moderne reichen sich in der Küche die Hand. Feines vom Pferd auf Rucola oder vom Lachs gehört ebenso dazu wie die unverzichtbaren »Bigoli al sugo d'anatra«. Hervorzuheben ist das Weinangebot der hauseigenen Cantina del Generale.*

Will der Reisende von hier hinüber in das benachbarte Tal der neuen Valpolicella Regionen nach Mezzane fahren, dann muss er, so ferne der Wasserstand es zulässt, westlich von Tregnago das nackte Flussbett überqueren. Keine Angst, die kurze Überquerung lässt sich mit einem Sportwagen meistern. Die herrliche Aussicht auf die beiden Täler ist dann der gerechte Lohn für ein bisschen Handschweiß.

SOAVE CLASSICO

Die in diesem Landstrich des Veneto am häufigsten angebaute weiße Rebsorte ist die Garganega. Sie liefert die Grundweine für den Soave und seine Nachbarn wie den Bianco di Custoza oder den Gambellara. Der Garganega Rebstock erweist sich als sehr ertragreich. Das ist auch ein Grund für den vergleichsweise niedrigen Preis dieser Weine.

Der Soave Classico zählt zu den ältesten Weinen, die auf der Apenninen–Halbinsel gekeltert werden. Beim guten Soave kommt jedoch nicht ausschließlich Wein der Garganega Traube in die Flasche, sondern auch kleinere Menge Pinot Bianco oder Chardonnay oder Trebbiano. So wird der Geschmack abgerundet. Der Mindestanteil der Garganega Traube muss jedoch 70 Prozent betragen. Der beste Soave kommt aus dem Kerngebiet, dem schon erwähnten Hügelland nördlich um die Stadt Soave und Monteforte d'Alpone.

Ein Soave DOC weist 11 bis 11,5% Alkohol auf und zeigt sich im Glas strohgelb mit grünen Reflexen. Er erinnert am Gaumen an Zitrusfrüchte, Hollunderblüten und/oder Mandeln. Im Allgemeinen wird der Soave Classico jung getrunken. Seine ideale Serviertemperatur liegt bei 8 bis 10° Celsius. Er passt gut zu Fischgerichten, Meeresfruchtsalaten, verschiedenem Gemüse, Risotti oder weißem Fleisch.

Strebsamen Winzern ist es längst gelungen, ihren Soave über das Niveau der so genannten Saufweine hinaus zu heben. Die Spitzenwinzer der Classico-Zone können schon seit Jahren bei nationalen Prämierungen in Fachpublikationen auf entsprechende Erfolge verweisen.

PROVINZ VERONA

Der Garganega-
Rebstock zählt
zu den ertrag-
reichsten Sorten.

Trotz moderner
Weintechniken
kommt das Tradi-
tionelle im Soave-
Land nicht zu kurz.

Als Soave DOC Classico darf nur Wein aus dem Kerngebiet, der so genannten Classico-Zone, bezeichnet werden. Denn, so sagen die Kenner, nur Wein aus diesem Gebiet liefert den typischen Duft und Geschmack des Soave. Der Masseträger Garganega wird ja auch in der Ebene südlich der Kernzone bis hinaus in das Schwemmland des Adige angebaut.

SOAVE CLASSICO SUPERIORE

Einem ungeschriebenen Gesetz nach, das besagt, dass der Soave jung getrunken werden soll, widerspricht die Produktion des Soave Classico Superiore. Diese Bezeichnung verdient sich der Wein dann, wenn er erst im März des der Lese folgenden Jahres in Flaschen gefüllt wird. Superiore Weine müssen auf eine höhere Beerenreife, einen damit einhergehenden höheren Alkoholgehalt und auf Fasslagerung verweisen können. So schmeckt der Soave auch im fortgeschrittenen Alter noch nach mehr. In den Weintrinkstuben der Stadt gibt es den Classico Superiore auch glasweise.

RECIOTO DI SOAVE

Die Gewinnung von Recioto kann sich im Raum um Verona auf eine lange Tradition stützen. Auch der populäre Amarone im benachbarten Weinbaugebiet Valpolicella kann auf so einen süßen Bruder verweisen.

Für den Recioto di Soave findet bestes Traubengut, das auf Holzrosten oder heute auch schon auf Porozell getrocknet wird, Verwendung. Lese wie Trocknungsverfahren sind arbeitsintensiv. Erst im Februar wird dann das Traubengut gepresst. Den daraus gewonnenen Wein lässt man in Holzfässern oder Barriques bis zum darauf folgenden Jahr reifen. Danach präsentiert sich der Recioto di Soave als ein runder Dessertwein mit intensivem Duft. Vor allem den Geruch von Vanille und Mandeln spürt die Nase. Die ideale Trinktemperatur liegt bei 12 bis 14° Celsius.

PROVINZ VERONA

Pieropan. *Das Weingut Pieropan gehört zu den wenigen, regelmäßig national Ausgezeichneten im Soave Gebiet. Empfehlenswert sind der Soave Classico Superiore La Rocca in verschiedenen Jahrgängen, ebenso der Passito della Rocca. Pieropan tritt den Beweis an, dass der Soave lange haltbar bleibt. Der Firmensitz befindet sich übrigens im Palazzo Pulici.*

Suavia – Giovanni und Rosetta Tessari. *Aushängeschild sind hier der Soave Classico Superiore Le Rive und der Recioto di Soave La Boccara. Das Dorf Fitta liegt etwa fünf bis sechs Kilometer nördlich von Soave.*

Monte Tondo. *Soave Classico Superiore, Recioto di Soave und Soave Spumante Brut beinhaltet das Produktionsprogramm dieses Weingutes.*

Cantina di Soave. *Breit gefächert ist das Angebot der direkt an der Einfahrtsstraße gelegenen Cantina. Sie wurde 1898 als Genossenschaft mit 115 Mitgliedern gegründet. Heute werden neben dem Soave auch Weine vom Gardasee oder aus dem Valpolicella in unterschiedlichen Preisklassen angeboten.*

Roberto Anselmi. *Anselmi sammelt regelmäßig Auszeichnungen der italienischen Fachjournalisten. Vor allem sein Recioto aus verschiedenen Lagen und Jahrgängen verhilft dazu.*

Dies ist nur ein Auszug aus der Liste der hervorzuhebenden Weinmacher im Gebiet des Soave.

Die kleinen Nachbarn des Soave

Südlich von Vicenza zieht sich über 28 Gemeinden das Weinbaugebiet der Colli Berici hin. Zentrum des Gebietes ist das Städtchen Lonigo. In den Colli Berici werden bevorzugt französische Rebsorten wie Sauvignon, Pinot Bianco (Blanc), Merlot und Cabernet neben einheimischen wie Tocai Italico, Tocai Rosso und der hier unverzichtbaren Garganega Traube angebaut.

Das Hügelland zwischen Vicenza und Verona nennt man Colli Lessini. Dort ist der weiße Durello zuhause. Beim Durello handelt es sich um eine alte, autochthone, widerstandfähige Rebsorte. Die dicke, harte (italienisch duro) Haut der Trauben dürfte auch der Namensgeber für diese Rebsorte sein. Durello, landläufig auch Dorella genannt, wurde und wird für die Gewinnung von Schaumweinen oder von frischen trockenen Weinen verwendet. Er wird oft mit Garganega, Pinot Bianco, Pinot Nero, Chardonnay oder Trebbiano verschnitten. Die Einheimischen bieten ihn auch gerne als Aperitivo an. Die DOC Anbaufläche des Durello beträgt nur etwa 530 Hektar.

Östlich von Soave liegt in den Lessiner Hügeln die kleine Stadt Gambellara. Die gleichnamige weiße Rebsorte wird in den umliegenden Gemeinden in drei Variationen ausgebaut. Gambellara kommt als Classico blassgelb und trocken, als Recioto und als Vin Santo auf den Markt. Wie andere Weine der Gegend auch wird er oftmals mit Trebbiano di Soave oder Trebbiano Toscano verschnitten.

Blühende
Impressionen

Unterwegs zwi-
schen Piazza
dei Signori und
Piazza delle Erbe,
dem historischen
Marktplatz des
Zentrums.

Seitensprünge nach Verona

Über die Heimat des Recioto und Amarone zu schreiben und dabei die nahe Provinzhauptstadt, Kultur- und Messemetropole Verona links liegen zu lassen, wäre ein unverzeihlicher Fehler. Zu nahe sind sich hier die Stille der kleinen, bei Weinliebhabern aber berühmten Weindörfer und das pulsierende Leben der Stadt. Die alljährlich im Amphitheater stattfindenden Opernfestspiele, Shakespeares Schauspiel von Romeo und Julia und in der Gegenwart die zahlreichen Wirtschaftsmessen haben Verona international zu einem ganz besonderen Ruf verholfen. Ein Treffpunkt der Weinliebhaber und Weinexperten ist die alljährlich stattfindende Weinmesse »Vinitaly«.

Schon früh war die Stadt, dank ihrer geografischen Lage, ein wichtiger Verkehrsknotenpunkt für den Nord-Süd-Handel sowie für den Handel mit Mailand und Genua. Schon zur Zeit der Römer führte die Via Augusta über Modena und Verona nach Trient und Deutschland; die Via Gallica durch Verona nach Turin bzw. Aquileia und die Via Postumia verband Verona mit Ligurien und Illyrien.

Verona liegt eingebettet zwischen den Ausläufern der Lessinischen Berge und der oberitalienischen Tiefebene, auf einer Seehöhe von nur 59 Meter. Um die 260.000 Einwohner zählt die Messemetropole heute. Die aus Südtirol kommende Etsch (Adige) schlängelt sich durch die Stadt und verleiht so dem historisch interessantesten Teil der Altstadt den Charakter einer Halbinsel. Gezählte zehn Brücken verbinden die

PROVINZ VERONA

beiden Stadtteile links und rechts des Adige. Die schönste davon ist die Ponte Scaligero.

Verona hat sich seinen aus Zeiten der frühchristlichen Besiedlung stammenden Namen bis heute bewahrt und besitzt auch eine stattliche Anzahl von historischen Bauten. Schon im Jahre 89 vor Christus besaß Verona innerhalb des Römischen Reiches eine gewisse Bedeutung. Das Amphitheater ist ja ein noch immer viel besuchter Zeuge dieser Epoche.

Der Ostgotenkönig Theoderich erhob Verona im 6. Jahrhundert zum Königssitz. Während der Zeit der Franken herrschte hier Pippin, der Sohn Karls des Großen, als König von Italien. Sachsen und Hohenstaufer nützten die günstige Lage Veronas für die Beherrschung des oberitalienischen Raumes.

Mitte des 13. Jahrhunderts übernahm das Geschlecht der Scaligeri die Macht in der Stadt und im Land um Verona. An ihrem Hof schuf Dante den letzten Teil seiner Göttlichen Komödie. Zahlreiche Bauten im historischen Kern der Stadt und mächtige Burgen im Umland, wie jene von Malcesine und Sirmione am Gardasee oder die Rocca Scaligeri in Soave stehen noch heute als Zeichen ihrer Macht.

Im Jahre 1387 wurden die Scaligeri von den Visconti verdrängt. Ab 1405 gehörte Verona zur Republik Venedig. Von 1814 bis 1866 herrschten die Habsburger über die Stadt am Adige. In dieser Zeit wurde Verona gemeinsam mit Mantua, Peschiera am Gardasee und Legnano zu einem Festungsviereck ausgebaut. Wie andere Städte des Veneto auch kam Verona 1866 zum Königreich Italien.

Wer auf der Suche nach historischen Sehenswürdigkeiten ist, der kann sich in Verona im wahrsten Sinne des Wortes heiße Sohlen holen. Viele Kirchen der Stadt gelten als herausragende Werke der romanischen Baukunst. Viele Häuser und Palazzi schmücken Fresken der Renaissance. Ein beliebtes Postkartenmotiv stellt die

Ponte Scaligero dar, die über den Adige zum Castelvecchio hin führt. Die Brücke stellt eine Verbindung zwischen dem Castelvecchio und dem von den Österreichern einst errichteten Arsenal (1840–1861) her. Im Castelvecchio selbst – es gilt als besonderes Beispiel für alte Militärarchitektur – befindet sich heute das Städtische Kunstmuseum. Die Ponte Scaligero wurde 1945, wie andere Brücken der Stadt auch, von deutschen Truppen gesprengt und später von den Veronesern mühevoll wieder errichtet.

Fixpunkte eines Stadtbummels sollten die Basilika San Zeno, ein bedeutender romanischer Bau aus dem 11. bzw. 12. Jahrhundert, der Duomo, die Piazza dei Signori mit dem Dante Denkmal, der Aufstieg auf den 84 Meter hohen Torre dei Lamberti, der Palazzo della Ragione ebendort, und die Piazza delle Erbe, der historische und aktuelle Marktplatz des Zentrums, sein. Doch wahre kulinarische Genüsse findet man längst in den Seitengassen, oft nur wenige Schritte von der Piazza delle Erbe entfernt (siehe Adressen).

Gleich neben der Kirche Santa Maria Antica, die aus dem 12. Jahrhundert stammt, liegt die gotische Scaliger Grabstätte namens Arche Scaligeri. Gleich nebenan ist das Spitzenrestaurant »Arche« zu finden.

Besuchenswert ist auch die Chiesa Sant' Anastasia auf der gleichnamigen Piazza. Hier endete zur Zeit der Römer die Straße Postumia. Die Kirche mit gotischem Portal und romanischem Innenraum wurde an Stelle einer kleineren Kirche, die der Heiligen Anastasia geweiht war, errichtet. Längst ist das Gotteshaus dem S. Pietro von Verona geweiht, doch im Volksmund hat sich der Name der Heiligen Anastasia erhalten. Die Kirche selbst ist reich geschmückt mit Bildern und Fresken und bietet neben den beiden Weihwasserbecken eine Vielzahl an sehenswerten Kapellen und Altären, die großteils aus dem 15. und 16. Jahrhundert stammen. Eine Informationsbroschüre gibt es beim Eingang an der Kassa.

PROVINZ VERONA

Blick von der
Arena in Verona
auf die Piazza Bra

Ponte di Pietra mit dem Turm des Doms im Hintergrund; daneben und darunter: die Via Mazzanti mit ihren gemütlichen Lokalen

An die römische Geschichte erinnert auch der Arco dei Gavi aus dem 1. Jahrhundert.

Obwohl es keine schriftlichen Beweise für die Richtigkeit der Liebesgeschichte aller Liebesgeschichten gibt, pilgern viele unverdrossen zur Casa di Giulietta in der via Cappello.

Am linken Ufer des Adige liegt jenseits der Ponte Pietra (1. Jh.) das Teatro Romano. Gleich darüber ist das Museo Archeologico zu finden. Im Teatro werden den Sommer über Shakespeare-Stücke und Ballettabende gegeben. Ein Jazz-Festival rundet das Sommerprogramm ab.

Als einer der schönsten Renaissancegärten Italiens gilt der Giardino Giusti, der sich ebenfalls jenseits der Etsch ausdehnt und ein Kontrastprogramm zum Stadtbummel bietet.

DIE ARENA

Aushängeschild und Publikumsmagnet der Stadt schlechthin ist das weltberühmte Amphitheater, allgemein kurz Arena genannt. Mächtig gibt sie der Piazza Bra ihr Gepräge. Die Arena wurde im Jahre 30 n. Christus fertig gestellt und gilt als das drittgrößte Amphitheater der Welt. Mit ihrer Länge von 139 und der Breite von 110 Metern diente sie der Vorführung von Gladiatorenkämpfen. Bei diesen blutigen Schauspielen wurden oft auch wilde Tiere auf Christen oder Verbrecher, zum Gaudium der Massen, losgelassen. Zu dieser Zeit soll die Arena um die 22.000 Besucher gefasst haben.

Nach der blutigen Periode nützten die Veroneser ihre Arena für Schauspiele. Im Jahre 1913 begannen mit der Aufführung von Verdis Aida die heute so erfolgreichen Opernfestspiele. Je Aufführung kommen heute bis zu 25.000 Besucher in das Steinoval.

ORIENTIERUNG IN VERONA

Eine italienische Stadt mit historischem Altstadtkern, 250.000 Einwohnern und Touristenmassen, die durch die engen Gassen strömen, liefert für viele Besucher scheinbar unüberwindliche Orien-

PROVINZ VERONA

tierungsprobleme. Einige Tipps dazu, wie ich das Problem gelöst habe: Die schönste Aussicht auf die Stadt liefert der Hügel, auf dem das Castel S. Pietro thront. Dort gibt es ein Restaurant mit großer Glasfront und prächtiger Sicht auf die Stadt, und, was besonders wichtig ist, noch zeitlos zugängliche Parkplätze, die nichts kosten. Diesem Hügel zu Füßen liegt über eine breite Treppen erreichbar links das Teatro Romano, ein Stück weiter der Giardino Giusti oder von der Treppe geradewegs über die Straße die Ponte Pietra. Die führt jene Leute, die einigermaßen gut bei Fuß sind, auf direktem Weg zu den Sehenswürdigkeiten in der Stadt. Dort sind im Altstadtzentrum auf engstem Raum die Chiesa S. Anastasia, die Scaliger Grabstätten, die Piazza dei Signori mit dem Palazzo della Ragione, dem Palazzo Maffei oder dem Dante Denkmal zu finden. Nur wenige Schritte weiter trifft der Reisende auf die Piazza delle Erbe. Dort lässt sich in gastlichen Stätten, oder noch besser im Freien, auf wunderbare Art die Veroneser Kaffeehauskultur samt pulsierendem Stadtleben genießen. Den Marktbrunnen der Piazza schmückt eine Madonnen-Statue. Sie blickt Richtung Via Cappello. Dorthin will auch der Großteil der Touristen, denn in dieser Straße findet sich die Casa di Giulietta. Wer nicht all zu spät kommt, erspart sich lange Wartezeiten unterm Balkon oder vor der Statue. Der Andrang ist dort im engen Hof enorm, und die Gäste aus Fernost brauchen eine Weile, bis sie alle ihre Schnappschüsse mit Julia und dem Balkon im Kasten haben.

Ganz in der Nähe zweigt von der Via Cappello die Via Stella ab. Links findet der Genießer den Zugang zum fantastischen kulinarischen Tempel »Il Desco«, und rechts biegt er zum Pflichttermin mit der Arena ab. Die ist auch für Bequeme noch erwandernswert. In unmittelbarer Nähe gibt es ein besuchenswertes Restaurant, abends eine Enoteca oder eben auf der Piazza Bra ganztägig Straßencafes.

Von der Südwestseite dieser Piazza Bra führt dann die Via Roma hinaus zum Castelvecchio. Etwas abgelegener ist nur die Kirche San Zeno Maggiore. Wem der Weg dorthin zu Fuß zu weit ist, der kann über den Corso Cavour durch den römischen Arco dei Gavi und über den Corso Porta Borsari wieder zur Piazza delle Erbe zurückkehren.

Wer sich an den bisher erwähnten Straßen orientiert, der findet auch alle kulinarischen Tipps, die in der Folge erwähnt werden. Voraussetzung dafür sind natürlich die entsprechende Zeit und das notwendige Interesse.

DAS KULINARISCHE VERONA

Städte und Landschaften werden von den dort lebenden Menschen geprägt. Lebensmittel, das Klima, Eroberer, Besetzer, Reisende und kulinarische Modeerscheinungen bestimmten im Laufe der Jahrhunderte das kulinarische Bild eines Landes und einer lebensfrohen Stadt wie Verona. Landschaft, Kultur, Geschichte, Klima und Genuss gehen auch im Land um den Adige im Gleichklang. Bei den Grundprodukten unterscheidet man zwischen dem Hügelland und der Ebene, von den Einheimischen »La Bassa« genannt. Die Stadt selbst wird zum Schmelztiegel, in dessen Küche natürlich die Köstlichkeiten des Umlandes zu finden sind.

Verona ist nicht nur eine Stadt, die schon seit der Antike am Schnittpunkt von Verkehrswegen liegt, sie liegt heute auch im Zentrum verschiedener Weinbauregionen. Das färbt sich natürlich auf das Weinangebot in den Osterie, Trattorie, Ristoranti und Enoteche ab. Gleich in nächster Nachbarschaft ist das Valpolicella zu finden. Im Osten gedeiht der wieder einen qualitativen Aufschwung erlebende Soave mit all seinen unterschiedlichen Spielarten. Am nahen Gardasee wächst der Säure-betonte Bardolino. Die Weinbaugebiete von Custozza, Val Adige und Trient sind auch nicht allzu weit entfernt. So werden

**Die Arena
von Verona**

die Veroneser Lokale zu wahren Fundgruben für Freunde vergorener Rebensäfte.

Das Agrarland um Verona liefert wertvolle Produkte wie die schwarze Trüffel, Oliven und damit bestes Olivenöl mit Ursprungsgarantie, den typischen Käse »Monte Veronese«, Kirschen und Pfirsiche, verschiedenes Obst, Radicchio rosso, der sich in seiner Form von dem aus Treviso unterscheidet, und Spargel. Veilchenblauer Spargel wächst in der Gegend um Arcole südlich von Soave, weißer Spargel kommt aus der Gegend um Rivoli und Cavaion. Die beiden Gemeinden liegen zwischen Adige und Gardasee. Nach besten Kartoffeln verlangen die typischen Gnocchi. Ihnen und den Tortellini sind eigene Feste gewidmet. Der Reis der Gegend wird mit Trüffeln, Gemüse, Würsten, Kutteln, Fisch oder Amarone zubereitet. Die regionale Wustspezialität »Soppressa« stellt man aus groß geschnittenem Speck, Fleisch, Knoblauch, Gewürzen, Salz, Pfeffer und dem berühmten Schuss Amarone her.

Neben den klassischen italienischen Gerichten und den schon erwähnten Spezialitäten des Veneto besitzen in der Stadt am Adige die Gnocchi di San Zeno, das Bollito con la Pearà (das sind verschiedene Fleischsorten, die gekocht und mit einer deftigen Pfeffersoße, deren wichtigste Bestandteile geröstete Brotbrösel, Rückenmark, Butter und Rinderbrühe sind, serviert werden), das Pastissada de Caval (Pferdeschmorbraten) und »Stracotto d'Asino« (Eselsbraten) Heimrecht. Beliebte Süßspeisen sind die längst industriell hergestellten Spezialitäten »Pandoro« und Mandorla-

to«. Für Touristen drängt sich die Verkostung der »Baci di Giulietta« (Küsse der Julia) auf.

Den Pilzen und Trüffeln kommt in der Veroneser Küche – wie schon erwähnt – ein besonderer Stellenwert zu. Diese Gerichte ergänzen sich hervorragend mit dem Königswein der Provinz, dem Amarone.

Apropos Pilze und Trüffel! Wer in Veronas Altstadt auf Restaurantsuche geht, wird schnell, so ferne er dies kennt, an die Suche von Pilzen und Trüffeln erinnert. Denn die Beschilderung der gastlichen Häuser vor Ort und in den Straßen ist mehr als nur diskret zu nennen. Es erinnert nicht an das Pflücken von Eierschwammerln bzw. Pfifferlingen, sondern schon eher an die Suche nach Trüffeln. Ohne guten Riecher geht da gar nichts, höchstens der Tourist mit langem Gesicht durch die Straßen. Aus dieser Erkenntnis heraus versuche ich in diesem Buch auch (siehe Orientierung in Verona), einen Orientierungsleitfaden durch die wichtigsten Straßen der Altstadt zu spannen. Denn gut sichtbare Hinweisschilder besitzt nur das Ristorante 12 Apostoli ab der Piazza delle Erbe. Markant gekennzeichnet ist nur die Trattoria Tre Marchetti nahe der Arena. Bei der Auswahl der Restaurants, Trattorie, Enoteche und Feinkostläden habe ich daher versucht, auf die vielen Stadtwanderer und ihre müden Beine Rücksicht zu nehmen.

Ristorante Re Teodorico. *Dies ist das oben unter den Orientierungen schon erwähnte Ristorante mit dem Panoramablick am Hügel über der Stadt. Es zählt nicht zu den Spitzenrestaurants von Verona, doch die Aussicht in Kombination mit dem aufmerksamen Service und eine respektable Zubereitung der Speisen machen das Re Teodorico für einen Besuch interessant. Mit Radicchio gefüllter Calamar, gebratenes Kaninchen auf Rucolabett oder Risotto mit Amarone stellen durchaus zufrieden. Beachtlich ist auch die Wein-*

auswahl, die es großteils nur flaschenweise zu kaufen gibt. Überraschend die Qualität des Bardolino von Masi, der mit dem gebratenen Kaninchen bestens harmoniert. Die Preisgestaltung ist durchaus vernünftig.

Ristorante La Fontanina. *Dies ist ein Tipp für Besucher des Museo Archeologico oder des Teatro Romano. Denn das kleine Lokal liegt gleich um die Ecke. Vis-à-vis der Ponte Pietra folgt man der schmalen Straße etwa 100 Meter bis zur unscheinbaren, beinah diskreten Fassade dieses kleinen Restaurants unter dem Castel S. Pietro. Vorbei an Weinkisten, was ja nichts Schlechtes ist, zwängt sich der Gast in die Speiseräumlichkeit. Gemütlichkeit ist angesagt. Zur Küche, die von Fisch, Meeresfrüchten und bekömmlichem Gemüse dominiert wird, kommt die beachtliche Weinauswahl gerade recht. Parkplätze gibt es in der engen Gasse oder für eine Stunde auch entlang der nahen Etsch.*

Ristorante Arche. *Gleich hinter den Arche Scaligeri, den Scaliger Grabstätten aus dem 14. Jahrhundert, ist hinter beinahe unscheinbarer Fassade das »Arche« zu finden. Die Qualität und die Preisgestaltung in diesem Ristorante erreichen ein Niveau, als müsste der Küchenchef für die in unmittelbarer Nähe ruhenden hohen Herrschaften vom Geschlechte der Scaliger noch nachträglich hohe kulinarische Ansprüche erfüllen. Ob allerdings die Scaliger seinerzeit mit soviel Kreativität bewirtet wurden, bleibt dahin gestellt. Tatsache ist, dass das »Arche« seinem Standort an prominentem Platz gerecht wird und heute anspruchsvolle Feinschmeckerwünsche erfüllt. So um die 80 Euro muss der Gast für ein Essen ohne Wein schon auf den Tisch legen. Dafür wird ihm qualitativ Bestes und kreativ Interessantes in harmonischen Variationen aus regionalen Produkten und Köstlichkeiten aus dem Meer serviert. Da*

KULINARISCHE TIPPS:

Ristorante Re Teodorico
Piazzale Castel S. Pietro 1
Verona
Tel. 045/8349990
Mittwoch Ruhetag

Ristorante La Fontanina
Portichetti Fontanelle 3
Santo Stefano
Verona
Tel. 045/913305
Sonntag und Montagmittag geschlossen

Ristorante Arche
Via Arche Scaligeri 6
Verona
Tel. 045/8007415
Sonntag und Montagmittag geschlossen

Ristorante Il Desco
Via Dietro S. Sebastiano 7
Verona
Tel. 045/595358
Sonntag und Montag geschlossen

PROVINZ VERONA

165

Auf der Piazza
dei Signori steht
das Denkmal
von Dante.

kommen, um nur einige Beispiele zu nennen, die »Zupetta di fagioli« mit Cannellini (Buschbohnen) und »Gamberi«, die Jakobsmuscheln in Begleitung von Oliven, der Hummer an Basilikum oder die »Sardella in saor« mit dem berühmten Schuss »Vino passito« auf den Tisch. Den Hang zum Ungewöhnlichen spiegeln auch die abschließenden süßen Verführungen wider.

Ristorante Il Desco. Steht man auf der Piazza dei Signori und blickt auf das Denkmal von Dante, so scheint es kurzfristig, als würde der Dichter nicht nachdenklich nach unten, sondern in Richtung Ristorante »Il Desco« schauen. Doch Spaß beiseite! Vom Denkmal aus ist das »Il Desco« tatsächlich dank seiner Pergola samt der Aufschrift Ristorante zu sehen. Ansonsten findet der kulinarisch Suchende nur schwer die kleine Seitengasse am Übergang der Via Stella in die Via Nizza, nahe der Piazza Indipendenza und unweit der Casa Giulietta. Doch wer sucht, der findet hier einen der führenden kulinarischen Tempel des Veneto, der bereits mit allen fachlichen Weihen bedacht wurde. Das Preisniveau in Verona ist an sich sehr hoch, doch im »Il Desco« wird alles übertroffen. In jeder Beziehung! Mitzubringen sind je Gast zumindest mehr als 100 Euro. Die Kosten für den Wein kommen noch hinzu. Die Gegenleistung des Hauses besteht aus genialen Kochkünsten, wie sie weitum nicht wieder zu finden sind. Auf höchstem Niveau arbeitet auch das Serviceteam. Die Kreationen, die es serviert, bleiben jedoch unvergesslich und auf dieser Reise vom Prosecco zum Valpolicella bestimmt auch einzigartig. Wie das Baccalà mit Kartoffel-Mus und Hummer (astice) in eben dieser Soße. Oder das Fischsüppchen – welch eine Bescheidenheit ritt den Küchenchef bei der Namensgebung – in Gemeinschaft mit Safran, Fenchel und Bohnen. Dem steht die »Fegato

Villa Vedi in
Cuzzano, nörd-
lich von Verona

d'oca« (Gänseleber) in Begleitung des würzig-süßen Recioto aus den Weinbergen im Umland der Stadt, von Birnen, weich gekochten Zwiebeln und dem Hauch Basilikum in nichts nach. Soll es Wild sein, dann kann das Hirschfilet (filetto di cervo) an Schwarzbeersoße (salsa di mirtilli) und süßsaurem Gemüse diesen Gusto standesgemäß stillen.

Dass im »Il Desco« das Wein- und Grappeangebot wie auch der Käseteller oder die Süßspeisen dem Stil des Hauses gerecht werden, versteht sich von selbst.

Ristorante 12 Apostoli. Von der Piazza delle Erbe führt der Weg vorbei an der Statue der barbusigen Dame der Gerechtigkeit mit dem hoch gestreckten Schwert, geleitet von Hinweistafeln mit goldfarbener Aufschrift, winkelreich zu den 12 Aposteln. Das Restaurant ist ein kulinarischer Klassiker Veronas. Die Räumlichkeiten zeigen sich elegant und üppig dekoriert. Die Bedienung ist äußerst zuvorkommend, und einige der Herren in Schwarz sprechen hervorragend Deutsch. Zum kulinarischen Angebot gehören San Daniele Schinken auf Rucola Bett, aber unter Parmesan und schwarzen Trüffeln, Kalbsfilet gefüllt mit Spargel (asparagi), Capesante (Jakobsmuscheln) in Variationen, besonders geschmackvolle Spaghetti vongole gewürzt mit Safran oder Feines vom Steinbutt. Köstlich die Kürbis Gnocchi in Grießnockerlgröße mit schwarzen Trüffeln, die Terrine von »Radicchio rosso« und das etwas andere, weil überbackene »Baccalà vicentina«. Hohen Ansprüchen werden der spezielle Öl- und Balsamico-Wagen sowie die Wein- und Grappauswahl gerecht. Das Restaurant besitzt ja im historischen Kellergemäuer eine eigene Cantina.

Bottega del Vino. Ganz offen erzählt, ich habe erst mit Hilfe eines Carabinieri zur Bottega, die ebenfalls nahe der Via Cappello liegt, gefunden. Das Weinangebot ist hier zwar höher zu bewerten als die Kochkünste, trotzdem ist die Bottega einen kulinarischen Besuch wert. Die Küche bietet lokale Spezialitäten wie den »Risotto all' amarone«, »Trippe« (Kutteln), Gegrilltes und Gebratenes vom Schwein in Begleitung von Polenta, Spaghetti nebst Fisch, Internationales wie Stör-Carpaccio, Venezianisches wie »Fegato di vitello« (Kalbsleber), das in Verona Unverzichtbare vom Pferd (cavallo), »Costolette di agnello alla grillia« (gegrillte Lammkoteletts) oder »Filetto di cervo al Recioto« (Hirschfilet in Recioto-Sauce). Ein umfangreiches Weinangebot offeriert auch das neue, zur Bottega gehörende und gleich nebenan liegende Weingeschäft.

Trattoria Tre Marchetti. Jetzt sind wir bei unserer kulinarischen Wanderung durch Verona endlich bei der Arena angelangt. An der Stirnseite des Ovals, dort, wo die hohen Bögen stehen, ist in der gleichnamigen Gasse nach wenigen Schritten diese Trattoria zu finden. »Bigoli neri«, Sie wissen schon, das sind die wie von Hand geformt aussehenden Nudeln aus der Region, die hier mit dem schwarzen Sugo des Tintenfisches serviert werden, »Tortelloni con crema di zucca« (Kürbiscreme), »Risotto all' amarone e zucca«, »Crema di patate con profumo di tartufo (Kartoffelcreme mit einem Hauch von der schwarzen Trüffel des Veroneser Hinterlandes), »Fegato di vitello« (Kalbsleber) nach Venezianischer Art gehören neben klassischen Fleisch- (Rind, Pferd und Schwein) und Fischgerichten zum Angebot des Hauses. Respektable Weinauswahl.

VERONESER GAUMENKITZLER

Wer viel auf Reisen ist, will sich an gewissen Tagen auf der Jagd nach dem besten Restaurant nicht beteiligen. Eine Form von Bescheidenheit macht sich breit. Es muss plötzlich kein Spitzenrestaurant den Appetit stillen, nein, ein kleiner Feinkostladen, ein appetitlich arrangierter Ver-

PROVINZ VERONA

Die freskenge-
schmückten
Case Mazzanti
(16. Jh.) in Verona

kaufsstand oder eine einfache Osteria mit regions-typischen Spezialitäten tut es an solchen Tagen auch. Entsprechende Adressen gibt es natürlich auch in der Stadt von Romeo und Julia. Es ist mir eine Freude, Gefundenes an Sie weiter zu geben.

Salumeria G. Albertini. *In der Straße, die von der Piazza delle Erbe zur Kirche der S. Anastasia führt, steht dieser, dem kulinarischen Paradies ähnelnde, originelle Feinkostladen mit altem, aber gepflegtem Portal. Man möchte ihn samt und sonders mit nach Hause nehmen. Kaum eine Gaumenfreude vermisst der »Glustfuchs« hier.*

Il Fornaio. *Ebenfalls am oberen, weil nordwestlich gelegenen Ende der Piazza Erbe biegt man linker Hand in den Corso Porta Borsari ein. Der führt ja bekanntlich hinunter zum römischen Stadttor Arco dei Gavi. Schon sehr früh ist wiederum links dieser »Himmel für alle süßen Naschmäuler« beheimatet. Süßes in Hülle und Fülle ist hier zu finden. Kalorienzähler sollten den Corso daher meiden oder die Straßenseite wechseln.*

Oreste. *Eine nicht nur optische Fundgrube für Weinfreunde ist diese Cantina mit dem klassischen Ambiente, das an den alten Tante Emma Laden erinnert. Reichhaltig zeigt sich auch die Auswahl an nationalen und internationalen Destillaten. Die Cantina liegt nur wenige Häuser nach dem »Il Fornaio« gut beschildert in einer kurzen Seitengasse. Die wiederum führt weiter zum Ristorante 12 Apostoli.*

Locandina Cappello. *Aufmerksame Leser erkennen jetzt schon, wir befinden uns nahe der Casa di Giulietta und auf dem Weg zur Arena. Alte Bausubstanz gepaart mit dem jugendlichen Charme des Chefs und der Bedienung machen den Besuch zur lohnenden Einkehr. Ein historisches Ambiente bietet*

FEINKOSTTIPPS:

Salumeria G. Albertini
Corso S. Anastasia 39
Verona

Il Fornaio
Corso Porta Borsari 3
Verona

Oreste
Cantina dal Zovo
Vicolo S. Marco
Verona

Locandina Cappello
Via Cappello 16/b
Verona

Gastronomia Stella
Via Stella 11
Verona

Enoteca Cangrande
Via Dietro Listone 19d
Verona

PROVINZ VERONA

173

sowohl der ebenerdige Gastraum wie auch das Gewölbe im Keller. An historische Zeiten erinnert auch die rustikale Klotür mit ihrem alten Verschluss. Eine kleine Karte bietet Imbisse an. Doch am ehesten erfreuen die vielen frisch zubereiteten Tartine aus der Vitrine Augen und Gaumen. Dazu wird, passend zur Reise, vorzüglicher Soave, Valpolicella oder Prosecco glasweise serviert.

Gastronomia Stella. Na also, nun sind wir in der Straße, die schnurstracks zur Arena führt. Käselaibe, Fisch und Meersfrüchte, Gemüse, Würste, Schinken und andere Köstlichkeiten verführen in diesem appetitlich modernen Geschäft zum Mitnehmen.

Enoteca Cangrande. Wir sind nun auf der Piazza Bra und stehen vor der Arena. Das sollte doch mit einem hervorragenden Gläschen aus dem Veneto begossen werden. Dort, wo die Cafes mit ihren bunten Markisen zum Ausrasten laden, führt ungefähr auf Höhe der Reiterstatue, die König Vittorio Emanuele darstellt, eine schmale Gasse nach wenigen Schritten zur ebenfalls kleinen Enoteca. Feine Weine und deftige Imbisse warten dort auf die Genießer.

BESUCHENSWERT:

Arena di Verona
Piazza Bra
Tel. 045/596517
Di.–So. von
8.00–18.30 Uhr

San Zeno Maggiore
Piazza San Zeno
Mo.–Sa. von 8.00–12.00 Uhr
und von 15.00–18.00 Uhr
geöffnet

Chiesa Sant Anastasia
Piazza Sant Anastasia
Entgeldlicher Eintritt

Torre dei Lamberti
Piazza dei Signori
Geöffnet von
9.30–19.30 Uhr
Montag von
13.30–19.30 Uhr

GOETHES BESUCH IN VERONA

Über den Brenner kommend, erreichte Johann Wolfgang von Goethe im Jahre 1786 auf seiner Italienischen Reise am 15. September Verona. Einige seiner für Frau von Stein gedachten Notizen seien, so sie zu Verona und unserem Thema passen, als Textpassagen hier in loser Reihenfolge wiedergegeben.

»Verona d. 15. Sept. Abends.

Ja meine Geliebte hier bin ich endlich angekommen, hier wo ich schon lang einmal hätte seyn sollen, manche Schicksale meines Lebens wären linder geworden.

16. Sept.

Das Amphitheater.

Das erste Monument der alten Zeit, das ich sehe und das sich so gut erhalten hat, so gut erhalten worden ist. Ein Buch das nachkommt, enthält gute Vorstellungen davon.

Wenn man hineintritt, oder oben auf dem Rande steht ist es ein sonderbarer Eindruck, etwas Groses und doch eigentlich nichts zu sehen. Auch will es leer nicht gesehen seyn, sondern ganz voll Menschen, wie es der Kayser und der Papst gesehen haben.

Man sieht das Volck sich durch aus hier rühren und in einigen Strasen wo Kaufmannsläden und Handwercks Boutiquen an einander sind, sieht es recht lustig aus. Denn da ist nicht etwa eine Thüre in den Laden oder das Arbeitszimmer, nein die ganze Breite des Hauses ist offen, man sieht alles was drinne vorgeht, die Schneider nehen, die Schuster arbeiten alle halb auf der Gasse. Abends wenn Lichter brennen siehts recht lebendig aus.

Auf den Plätzen ists an Marcktägen sehr voll. Gemüs und Früchte unübersehlich. Knoblauch und Zwiebeln nach Herzenslust. Ubrigens schreyen singen und schäkern sie den ganzen Tag, balgen sich, werfen sich, jauchzen und lachen unaufhörlich.

Der milde Himmel, die bequeme Nahrung lässt sie leicht leben, alles was nur kann ist unter freyem Himmel. Nachts geht nun das singen und lärmen recht an. Den Malborrouh hört man auf allen Strasen. Dann ein Hackbret, eine Violin, sie üben sich alle Vögel mit Pfeifen nachzumachen, man hört Töne von denen man keinen Begriff hat. Ein solches Vorgefühl seines Daseyns giebt ein mildes Clima auch der Armuth und macht den Schatten des Volcks selbst noch respecktabel.

Die Unreinlichkeit und wenig Bequemlichkeit der Häuser kommt daher. In ihrer Sorglosigkeit dencken sie an nichts. Dem Volcke ist alles gut, der Mittelmann lebt auch vom Tag zum andern fort, der Reiche und Vornehme allein kann darauf halten. Doch weis ich nicht wie es im Innern ihrer Palazzi aussieht.«

Castelvecchio
Corso Castelvecchio 2
Tel. 045/594434
Di.–So. zugänglich

Museo Civico di Storia Naturali
Lungadige Porta Vittoria 9
Tel. 045/8079400
Sa.–Do. geöffnet

Museo degli Affreschi e Tomba di Giulietta (Grab der Julia)
Via del Pontiere 35
Tel. 045/8000361

Museo Archeologico und Teatro Romano
Rigaste Redentore 2
Tel. 045/8000360
Di.–So. zugänglich

Giardino Giusti
Via Giardino Giusti 2
Tel. 045/8034029
Täglich zugänglich

PROVINZ VERONA

Soave, vom We-
sten aus gesehen

Die Heimat
des Valpolicella

Im westlichsten Zipfel der Region Veneto, in den
Hügeln nördlich und nordwestlich von Verona,
liegt die klassische Heimat des Valpolicella. Hier
gedeihen in einer wunderbaren Landschaft, östlich des südlichen Gardasees, die Trauben für
große Weine wie Amarone und Recioto. Der
Weinanbau besitzt im Valpolicella eine lange
Tradition. Die warme Luft vom Gardasee und
die nördlich schützend gelegenen Lessinischen
Berge schaffen ein günstiges Klima für den Weinbau. Die Rebstöcke bringen zum Dank dafür, bei
entsprechend profunder Kelterung, kräftige Rotweine hervor.

Hauptwein in der Zone ist jedoch nicht der
Amarone, sondern der Valpolicella. Der Name Valpolicella mag an ein einzelnes Tal denken lassen,
doch das ist irreführend. In Wirklichkeit handelt
es sich beim Valpolicella-Gebiet um einen son-
nenverwöhnten, hügeligen Landstrich, der von
zahlreichen Bächen und Tälern durchfurcht wird.

Dem Wein namens Valpolicella haftete in den
letzten Jahrzehnten, gerade im deutschsprachigen Raum, ein eher schlechtes Image an. Er wurde als billiger, unterdurchschnittlicher Pizzeria-
wein abgetan. Diese Weine stammen vorwiegend
aus dem Etschtal und der Ebene um Verona. Die
Hügel des Valpolicella haben weit Besseres zu
bieten. Wer seine Vorurteile abbauen möchte,
der sollte einen Valpolicella Classico Superiore
oder, noch besser, einen Amarone della Valpoli-

PROVINZ VERONA

**Idyllen inmitten
der Weinhügel:
Mezzane di Sopra**
(oben)

cella Classico probieren. Die Überraschung wird vollkommen sein. Diese Weine zeichnen sich durch ein intensives Granat- oder Rubinrot aus. Ihr Duft ist fruchtig und erinnert an Himbeeren und Amarena-Kirschen.

Der Amarone della Valpolicella Classico ist zu den bedeutenden italienischen Rotweinen zu zählen. Alljährlich sind bis zu zehn und mehr der hervorragendsten Weine aus dem Gebiet in den bekannten italienischen Weinführern als Ausgezeichnete zu finden.

Sowohl der Amarone della Valpolicella Classico D.O.C. wie auch der Valpolicella Classico Superiore D.O.C. und der Valpolicella Classico D.O.C. bestehen aus den für die Region typischen Reben Corvina, Rondinella und Molinara. Manche Winzer lassen aber seit einigen Jahren die ohnehin nur mit etwa 5 Prozent Anteil im Amarone vertretene Molinara Traube weg. Nach einer Novellierung des Weingesetztes darf seit dem Jahre 2000 der Amarone auch offiziell ohne Molinara Trauben erzeugt werden.

Neben den erwähnten Trauben dürfen mit geringem Anteil Sorten wie Cabernet Sauvignon, Rosignola, Dindarella oder Osoletta beigemischt werden.

DAS KERNGEBIET

Das historische Kerngebiet des Valpolicella nennt man Classico Zone. Damit ist das Weinland um die Orte und Gemeinden Sant' Ambrogio, S. Pietro in Cariano, Fumane, Negrar und Marano di Valpolicella gemeint.

Das sich östlich bis hinunter zur Grenze des Soave Gebietes bei Illasi hinziehende Weingebiet kam erst Ende der sechziger Jahre des vergangenen Jahrhunderts – nicht zuletzt wegen geschäftlicher Überlegungen – zum Valpolicella Gebiet dazu.

Als Valpolicella-Gemeinden gelten heute daher Negrar, San' Ambrogio, San Pietro in Cariano, Dolce, Verona, San Martino Bonalbergo, Lavagno, Mezzane, Tregnano, Illasi, Colognola ai Colli, Cazzano di Tramigna, Grezzana, Pescantina, Cerro Veronese, San Mauro di Saline und Montecchia di Crosara. Alle diese Gemeinden liegen in der Provinz Verona.

Doch auch außerhalb der Classico Zone wird hervorragender Amarone, Recioto oder sortenreiner Wein gekeltert. Bekanntester Vertreter dieses Gebietes ist der Weinmacher Romano dal Forno aus Illasi.

Etwa 2.800 Winzer produzieren im Valpolicella maximal 500.000 Hektoliter Wein. Davon entfallen auf den Valpolicella jährlich etwa 370.000 bis 380.000 Hektoliter. Neben den typischen Valpolicella-Reben Corvina, Rondinella und Molinara werden auch Barbera, Rossignola, Negrara und Sangiovese angebaut und vinifiziert. Diese Sorten dürfen übrigens auch, in geringem Ausmaß, zur Verbesserung des Valpolicella verwendet werden.

PROVINZ VERONA

Die Besonderheiten des Valpolicella

Der Amarone della Valpolicella classico repräsentiert die Königsklasse in Valpolicella. Aus einem ehemals rauen, oft streng schmeckenden Wein wurde ein zeitgemäßer Tropfen. Der durch Körperreichtum überzeugende Amarone erlebte in den letzten Jahren eine wahre Renaissance. In Übersee – schau, schau –, in Deutschland und in der Schweiz zählt er zu den gefragten Rotweinen. In Österreich, und da vor allem im Süden und Osten, ringt er noch ein wenig mit Vorurteilen und dem Image des Pizzeria-Valpolicella. Da glaubt man noch ausschließlich an die Größe der Rotweine aus der Toskana und dem Piemont. Doch der Amarone, der kräftige Rote aus dem Veneto mit seinem einzigartigen Charakter, ist im Kommen. Nicht zuletzt wegen seines weichen, oft an Kirsch oder Himbeeren erinnernden Geschmacks. Damit wird er genau den Geschmacksansprüchen unserer Zeit gerecht. Man beginnt sich langsam mit diesem beeindruckenden Wein auseinander zu setzen. Und eines ist gewiss, der Amarone kann überzeugen.

Gewonnen wird er aus den Trauben Corvina, Rondinella und Molinara. Einige bekannte und erfolgreiche Winzer lassen jedoch seit Jahren die Molinara weg. Laut einem neuen Gesetz darf der Amarone aus 50 bis 80% Corvina und 5 bis 30% Rondinella gekeltert werden. Beigemengt dürfen in kleinen Mengen (5%), neben dem schon erwähnten Molinara, auch Sorten wie Cabernet Sauvignon oder Bodenständige wie Rosignola, Sangiovese, Dindarella oder Osoleta werden.

Im Wesentlichen ist der Amarone als Strohwein zu bezeichnen. Trotzdem zeigt er sich im Gegensatz zum Bruder Recioto trocken und nicht süß. Die Namen leiten sich vom italienischen Begriff amaro, wie bitter bzw. vom Dialektausdruck recie bzw. orecchie wie Ohren, ab. Diese Ohren an den Trauben bekamen gewöhnlich am meisten Sonne ab und eigneten sich daher besonders für die Gewinnung von Recioto.

Bei der Vinifizierung gehen Amarone und Recioto über weite Strecken ihren Weg gemeinsam. Die Trauben werden sorgfältig gelesen und alles, was Fäulnis bringen könnte, wird weg gelassen. Nur Trauben mit nicht zu engem Wuchs finden Verwendung.

Die Lese der Trauben findet Ende September und in den beiden ersten Wochen im Oktober statt. Wegen der langen Lagerung auf Stroh berücksichtigt man nur gesunde, locker gewachsene Trauben. So beugt man der Fäulnis und dem Schimmel vor. Gelagert werden die Trauben aber nicht nur auf Stroh, sondern auch auf Gittern, Holzrosten oder, ganz modern, auf Porozell. Viele Winzer arbeiten längst mit Entfeuchtungsanlagen. Im Unterschied zum Amarone wird das Traubengut des Recioto ohne entsprechende Vorschrift bis zu sechs Monate getrocknet.

Während der Trocknungsphase verliert das Traubengut etwa die Hälfte bis zwei Drittel seines Gewichtes. Trotzdem anfallende faule Trauben werden bis zum Pressen immer wieder entfernt.

Zum Zeitpunkt des Pressens und Einmaischens enthalten die Trauben natürlich einen hohen Zuckergrad, der wiederum den hohen Alkoholgehalt von 15° und mehr mit sich bringt. Die süßesten rosinierten Trauben werden für die Gewinnung des Recioto verwendet. Er ist der geschichtsträchtigere Wein als der Amarone. Doch der konnte sich in den vergangenen Jahren auf dem internationalen Markt besser positionieren.

Die Standzeit der Maische kann sich beim Amarone oft über Monate hinziehen. Das bringt Kraft und Fülle. Durch das volle Ausgären erhält der Amarone (nur etwa 0,4% Restzuckergehalt) seinen trockeneren Geschmack. Ausgebaut wird dann im Barrique oder im Holzfass. Dort können Amarone und Recioto zu ihrer Wucht und Fülle gelangen. Zur endgültigen Reife kommt der Amarone dann in der Flasche.

PROVINZ VERONA

**Villa Carlotti
in Illasi** (oben);
**Obstanbau auf
den Almen der
lessinischen
Berge** (unten)

Beim Recioto wird der Gärungsprozess abgebrochen, der Wein abgezogen und filtriert, um so den Restzuckeranteil zu erhalten. Sein Alkoholgehalt beträgt normalerweise zwischen 14 und 17°. Den Reifehöhepunkt erreicht der Recioto zwischen dem achten und zehnten Jahr.

Natürlich unterscheiden sich die Arbeitsweisen und -zeiten der einzelnen Weinmacher. Quintarelli z.B. lässt seinen Amarone bis zu sieben Jahren im Fass. Bei Allegrini werden die Trauben 120 Tage lang getrocknet. Die Vergärung dauert 45 Tage. Der Amarone reift dann 36 Monate in französischer Eiche und 18 Monate in der Flasche. Dann erinnert er an Himbeeren, Kirschen, Zimt und Veilchen. Der Restzuckergehalt beträgt nur noch rund 0,4 Prozent.

Nur etwa 10 Prozent der Produktion entfallen im Valpolicella auf den Amarone. Er passt sehr gut zu gekochtem Fleisch (bollito misto), Braten, Gegrilltem oder etwa Pasta mit Trüffeln.

Großartige Jahrgänge waren 1990, 1993, 1995, 1997, 1998, 2000. Perfekt gelagert kann der Amarone jahrzehntelang aufbewahrt werden.

DIE LAGERUNG

Weine sollten am Höhepunkt ihres Geschmacklebens getrunken werden. Der Amarone gehört zu jenen Weinen, von denen bestimmte Jahrgänge auch noch nach zwei, drei Jahrzehnten wahre Erlebnisse für den Weinfreund sein können. Er ist also ein Geschenk, das man Kindern in die Wiege legen oder Vätern zur Geburt des Stammhalters überreichen kann.

PROVINZ VERONA

Geschmacksnuancen von Himbeeren, Blumenwiese, Walnüssen, Camembert, Brombeeren oder Mandeln sind beim Amarone möglich. Man sollte durchaus auf ein persönliches langes Leben hoffen, denn dann wird man den Lebenserwartungen eines hervorragenden Amarone–Jahrganges gerecht und diesen Jahrgang auch in einem auch persönlich interessanten Alter genießen können.

DIE WEINSZENE IM VALPOLICELLA

Die Weinszene ist im Valpolicella von Seiten der Weinmacher her recht vielfältig. Da arbeiten kleine, engagierte Winzer neben recht großen Kellereien. Zu den ganz großen Produzenten gehören Bolla und Masi. Letzteres Unternehmen steht im Besitz der Familie Boscaini und vertreibt die Etiketten Masi, Boscaini und Seregò Alighieri. Conte Alighieri ist ein Nachkomme des großen Dichters Dante Alighieri. Das gleichnamige Gut in Gargagnago liegt in einem prächtigen Park hinter mächtigen Mauern versteckt. Produkte des Gutes können tagsüber eingekauft werden.

Wenn von den großen Produzenten die Rede ist, dann darf auch auf den Namen Bertani mit neuem Sitz in Novare bei Negrar nicht vergessen werden. Etwa 180 Hektar Weinfläche werden unter diesem Namen vermarktet.

Während die ganz großen Winzer und Kellereibetriebe im Valpolicella meist auch andere Weine wie den Bardolino, Soave oder Bianco di Custoza vertreiben, halten sich die kleineren und die kreativen Winzer meist an die traditionellen Weine des Valpolicella oder an die hier angepflanzten französischen Sorten. Dazu zählen Cabernet Sauvignon, Cabernet Franc, Chardonnay.

WEINTIPPS. *Zu den besten und immer wieder ausgezeichneten Weinmachern des Valpolicella zählen, ohne Anspruch auf göttliche Unfehlbarkeit, aber trotzdem alphabethisch gereiht:*

WEINTIPPS:

Stefano Accordini
Via Alberto Bolla 9
Pedemonte
S. Pietro in Cariano
Tel. 045/770133

Allegrini
Via Giare 9–11
Fumane
Tel. 045/6832011

Lorenzo Begali
Via Cengia 10
S. Pietro in Cariano
Tel. 045/7725148

Brigaldara
Via Brigaldara 20
S. Floriano
San Pietro in Cariano
Tel. 045/7701055

Luigi Brunelli
Via Cariano 10
S. Pietro in Cariano
Tel. 045/7701118

Tomasso Bussola
Via Molino Turri 30
S. Peretto
Negrar
Tel. 045/7501740

Cantina Sociale
Valpolicella
Via Ca' Salgari 2
Negrar
Tel. 045/7500070

Corte Sant'Alda
Via Capovilla 28
Fioi
Mezzane di Sotto
Tel. 045/8880006

Le Salette
Via Pio Brugnoli 11c
Fumane
Tel. 045/7701027

»Vom Anbeginn der Schöpfung ist dem Wein eine Kraft beigegeben, um den schattigen Weg der Wahrheit zu erhellen.«

Dante

DIE QUALITÄTSBEZEICHNUNGEN

DOCG: Diese Bezeichnung bedeutet »Denominazione di Origine controllato e garantita«. Sie steht für die gesetzlich qualitativ am höchsten eingestuften Weine mit kontrollierter und garantierter Herkunftsbezeichnung.

DOC: Der Bezeichnung fehlt im Vergleich zur Vorangegangenen das G wie Garantie (garantita).

IGT: »Indicazione geografica tipica« steht für Trauben, die aus einer bestimmten Region stammen und die bestimmten Produktionsvorschriften unterliegen. In dieser Kategorie sind unterschiedliche Qualitäten möglich.

VdT: Die Abkürzung bedeutet Vino da Tavola. Mit VdT kommen Weine ohne Herkunftsvermerk und oft auch ohne Jahrgangsangabe in die Verkaufsregale. Sie repräsentieren den überwiegenden Teil der italienischen Weinproduktion. Doch auch kreative, neue Weine, deren Zusammensetzung noch nicht dem Gesetz entspricht, werden über Jahre mit diesem VdT-Kürzel gebrannmarkt.

Le Ragose
Via Ragose 1
Arbizzano
Negrar
Tel. 045/7513241

Abgelo
Nicolis & Figli
Via Villa Giardini 29
S. Pietro in Cariano
Tel. 045/7701261

Giuseppe
Quintarelli
Via Cerè 1
Negrar
Tel. 045/7500016

Romano dal Forno
Via Lodoleta 4
Cellore
Illasi
Tel. 045/7834923

Figli Speri
Via Fontana 14
Pedemonte
S. Pietro in Cariano
Tel. 045/7701154

Filli Tedeschi
Via Verdi 4a
Pedemonte
S. Pietro in Cariano
Tel. 045/7701487

Massimo Venturi
Via Semonte 20
San Floriano
S. Pietro in Cariano
Tel. 045/7701331

Claudio Viviani
Via Mazzano 8
Negrar
Tel. 045/7500286

PROVINZ VERONA

189

Ponte Scaligero

Land, Leute, Küche und Wein im Valpolicella

Die meisten Besucher des Valpolicella kommen vom Südwesten oder Westen her über die Brennerautobahn in das Weingebiet. Und dort, im Nahbereich der Industriezonen, erlebt der Reisende vorerst eine Gratwanderung zwischen Marmorbrüchen, Steinindustrie und Weinromantik. Da die Hektik der industriellen Arbeitswelt mit ihrem starken Verkehrsaufkommen – dort die sich abzeichnende Beschaulichkeit der Weinwelt mit ihrer Hügellandschaft. Nordwestlich von Verona breiten sich die Täler des klassischen Weinbaugebietes Valpolicella aus.

Schon bald nach Verlassen der Autobahn und der Schnellstraße wird man bei der Einfahrt in die Weindörfer von den Werbetafeln bekannter Weinmacher begrüßt. Die erste Rast im Weinland steht bevor. Und was kann es Schöneres nach einer langen Fahrt geben, als eine hausgemachte Pasta oder ein Risotto, die mit der schwarzen Trüffel der Region verfeinert werden?

Als Gott dieses Land schuf, hat er bestimmt auch an die Gaumenfreuden gedacht. Denn es ist ein göttliches Gaumenerlebnis, wenn schwarze Trüffel und edler, kräftiger Valpolicella Classico Superiore aufeinander treffen. Die gastlichen Häuser des Valpolicella tragen diesem Umstand Rechnung. Sie setzen in ihrer Küche fast durchwegs auf die Verwendung von regionalen Grundprodukten. So kommt die heimische Küche einmal etwas rustikaler und ein andermal etwas feiner auf den Tisch. Eine Gruppe von lokalen Restaurant- und Trattorie- Betreibern hat sich ganz und gar der bodenständigen Küche verschrieben und daher zur Organisation »Tavole della Valpolicella« zusammen geschlossen. Gleichmäßig verteilt über die Gemeinden des Valpolicella-Classico-Gebietes bieten sie ihre Dienste in unterschiedlicher Qualität, Preisklasse und Größenordnung an.

PROVINZ VERONA

Kommt der Gast unter der Woche nach Valpolicella, so findet er durchwegs verträumte, stille Orte vor. Orte, in denen viele Menschen vom Olivenöl, vom Obst- und Weinbau leben. An solchen beschaulichen Frühlingstagen spürt man, wie der Wind den Duft der Blüten durch den Ort trägt. Draußen in den Obst- und Weingärten tuckern eifrig die Traktoren und schaffen, so weit es in der Hand des Menschen und seiner Technik liegt, optimale Vorraussetzungen für einen neuen, gelungenen Jahrgang.

Doch bleiben wir unserer Reiseroute im Einklang mit dem Weg der Sonne, von Osten nach Westen, weiterhin treu. Dann sind das Valle d' Illasi und das schmale Tal der Mezzane die ersten Täler, denen wir einen aussichtsreichen und auch kulinarisch lohnenden Besuch abstatten wollen. Das Valle d' Illasi wurde ja schon im Abschnitt Soave samt kulinarischer Tipps beschrieben, da sich in diesem Tal die Produktion von Soave und Valpolicella überschneidet.

»STRADA DEL VINO VALPOLICELLA«

Östlich von Verona berührt die »Strada del Vino Valpolicella« Orte am Talboden und auf den Hängen des Valle d´ Illasi. Diese Weinstraße führt gut beschildert u.a. durch Orte wie Tregnano, Cazzano di Tramigna, Illasi, Colognola ai Colli, Lavagno und hinüber nach Mezzane di Sopra und Mezzane di Sotto. Das Val d' Illasi ist das Tal, in dem die Weinberge und Weingärten des Soave mit dem Valpolicella verschmelzen. Erreichbar sind diese als neues Valpolicella Weinbaugebiet geltenden Täler am schnellsten über die Autobahnabfahrten Verona Est (Ost), bei S. Martino, Caldiero oder Soave.

Gute, aber kurvenreiche Straßen verbinden die Weinbauorte östlich und westlich der breiten Talfurche. Der Reisende muss die einzelnen Täler nicht immer ausfahren, um von einem Tal in das andere zu gelangen. Im schlimmsten Fall ist –

wie schon beim Abschnitt Soave beschrieben –
ein trockener Flusslauf zu durchqueren. Immer
wieder führen Verbindungen, mal schmäler, mal
breiter, über die Hügel. Rundkurse und relativ
kurze Distanzen machen ein aussichtsloses Verfahren unmöglich. Irgendwie findet man immer
wieder zum Ausgangspunkt zurück. Irgendwo
gibt es immer eine schöne Aussichtsposition
oder eine gastliche Terrasse, die der Orientierung
auf die Sprünge hilft. Das soll keine Aufforderung
zum übermäßigen Trinken, sondern lediglich zum
maßvollen Genuss sein. Und wer fürchtet sich
schon vor dem Verfahren im Paradies?

Das in seinem oberen Bereich enge Tal der
Mezzane ist vom Osten, vom Valle d' Illasi her,
sehr schön über die Hügel mit Auffahrt in Tregnago oder Marcenigo und weiter über Mezzane di
Sopra zu erreichen.

KULINARISCHER
TIPP:

Ristorante Bacco d'Oro
Via Venturi 14
Mezzane di Sotto (VR)
Tel. 045/8880269
Montagabend und
Dienstag geschlossen

> **Ristorante Bacco d'Oro.** *Ganz und gar herr-*
> *schaftlich präsentiert sich die Auffahrt zu die-*
> *sem Ristorante nahe dem Sportzentrum am*
> *südlichen Ortsende von Mezzane di Sotto. Ein*
> *mächtiges Eisentor schmückt den Weg in den*
> *ehemaligen Gutshof. Gurrende weiße Tauben*
> *begrüßen die Gäste. Hirsch und Wildschwein*
> *in verschiedenen Zubereitungsarten, rustika-*
> *le Nudelgerichte wie Tortellini mit Fleischfülle*
> *an Salbeibutter sind hier zu erwähnen. Die im*
> *Winter im Tal grasenden Schafherden liefern*
> *Lämmer für zarte Fleischgerichte.*

»STRADA DEL VINO VALPOLICELLA VALPANTENA«

Genau nördlich von Verona erstreckt sich das Val
Pantena mit Weinbau, Olivenhainen und ausge-
prägter Steinindustrie. Der Hauptort des Tales ist
Grezzana. Die Straße führt überdies durch die
Orte Quinto di Valpantena und Poiano. Dies ist
die kürzeste der drei Valpolicella Weinstraßen
und gleichzeitig jene, die am wenigsten Weinromantik vermittelt.

PROVINZ VERONA

Der Übergang
von der Wein-
zur Almwirtschaft
ist fließend –
hier bei Taioli.

Ansichten aus
der Heimat des
Valpolicella

»STRADA DEL VINO VALPOLICELLA CLASSICO«

Diese Straße führt, wie der aufmerksame Leser schon bemerkt haben wird, durch die klassische Heimat des Valpolicella. Dies, obwohl längst auch in den 1958 nach Osten hin erweiterten Valpolicella-Gebieten erfolgreiche Winzer auf sich aufmerksam machen.

Die »Strada del Vino Valpolicella Classico« ist die längste Weinstraße, die gleichzeitig durch den landschaftlich schönsten Teil des Valpolicella führt. Viele berühmte Weinmacher sind hier beheimatet. Die Straße führt weit verzweigt durch das Land und berührt alle bedeutenden Orte wie Negrar, Marano, Fumane, S. Pietro In Cariano, Pescantina und Sant´Ambrogio di Valpolicella, um nur einige zu nennen.

In S. Pietro In Cariano ist auf die Kirche San Floriano aus dem 12. Jahrhundert hinzuweisen. Verschiedene Elemente stammen sogar aus dem 8. Jahrhundert. Die Kirche liegt direkt neben der Hauptstraße.

Dass die Reisenden neben Sehenswertem auch nach Kulinarischem suchen, ist da nur zu verständlich.

Trattoria alla Routa. *Einen schönen Blick über das Valpolicella Classico bietet der Garten des im Winkel angelegten Hauses. Geboten wird bodenständige Küche. Mehr als hundert Gästen finden hier im Sommer Platz.*
Arquade del´Hotel Villa del Quar. *Südlich von San Pietro, draußen, mitten in den Feldern und Weingärten, liegt hinter Mauern versteckt diese elitäre Anlage mit Hotel, Restaurant, Pool und großzügigem Garten. Vorbei an der zur Anlage gehörenden Kirche führt der Weg des Gastes ins Restaurant. Das wiederum ist unbedingt zu den besten in der Region zu zählen und wird, wie der gesamte gastronomische Bereich, höchsten Ansprüchen gerecht. Man speist drinnen in gepflegter*

Trattoria alla Routa
Via Proale 6
Proale
Mazzano di Negrar (VR)
Tel. 045/7525605
Montagabend und Dienstag geschlossen

Arquade del´Hotel Villa del Quar
Via Quar 12
Pedemonte
San Pietro in Cariano (VR)
Tel. 045/6800681
Montag Mittag und Dienstag geschlossen

PROVINZ VERONA

197

Atmosphäre oder in der warmen Jahreszeit draußen unter der weitläufigen Markise mit Blick auf den Garten. Heimische, nationale und internationale Grundprodukte wie Gemüse, Früchte, Fleisch oder Fisch werden zu wohlschmeckenden, ungewöhnlichen, aber probierenswerten Kreationen und Variationen serviert. Die Weinkarte bietet viele Größen des Valpolicella und Italiens an. Die Preisgestaltung ist dem elitären Stil des Hauses angepasst.

Trattoria Stella. *Zentral an der Durchzugsstraße, vis-à-vis der Agip-Tankstelle gelegen, finden wir diese Trattoria. Neben der beachtlichen Weinauswahl zeichnet sie sich durch Spezialitäten der regionalen Küche aus. Der Gast sitzt im geschmackvoll eingerichteten Lokal oder im Sommer draußen unter der großen Markise.*

Enoteca Antica Vineria. *Gleich neben der Trattoria Stella bietet diese kleine Vineria große Weine aus den renommierten italienischen Anbaugebieten an. Teils auch glasweise. Die hauseigenen Weine aus dem Valpolicella sind recht preiswert und können probiert werden. Passito, Recioto, Valpolicella classico und Amarone gehören dazu.*

Antica Trattoria da Bepi. *Schräg gegenüber der imposanten Kirche versteckt sich hinter einem Parkplatz diese Trattoria. Das neorustikale Ambiente mit Holzdecke, Steinwand und offenem Kamin (Fogolar) harmoniert mit den servierten regionalen Spezialitäten. Salami,*

Trattoria Stella
*Via Valpolicella 42 a
Arbizzano (VR)
Tel. 045/7513144
Mittwoch Ruhetag*

Enoteca Antica Vineria
*Via Valpolicella 35
Arbizzano*

Antica Trattoria da Bepi
*Via Valpolicella 1
Marano (VR)
Tel. 045/7755001
Dienstag Ruhetag*

PROVINZ VERONA

Würste, Prosciutto, Trüffel und Pilze, Lamm und Zicklein werden verarbeitet. Spezialitäten sind daher *Tagliatelle ai tartuffi* (Bandnudel mit Trüffeln), *Risotto al amarone* (in Amarone gekochter Reis). Gegrillt wird auf dem Fogolar, gegessen im Lokal oder draußen auf der Terrasse. Dem glücklich Zeitlosen schlägt dort vom nahen Kirchturm die Stunde. Das Weinangebot der Trattoria kommt wie der *Grappa di Amarone* und das Olivenöl aus eigener Produktion.

FUMANE

Fumane ist ein kleiner, netter und verträumter Weinbauort in bereits ruhiger Landschaft. Die Kirche im Zentrum und das Santuario hoch über dem Ort, mitten unter Zypressen, sind die ersten Blickfänge für die Reisenden. Letzteres ist ein Madonnaheiligtum. Es wurde von den Weinbauern vor 150 Jahren auf Empfehlung eines Mönches zum Schutz der Weingärten der Madonna von Le Salette geweiht.

Draußen in den Weingärten selbst geben heute bereits Hinweisschilder Auskunft über den jeweiligen Winzer und den Namen der Riede. Aufmerksame Weinfreunde werden diese Hinweise dann und wann auf der gekauften Flasche Wein wiederfinden. Doch so verträumt Fumane wirkt, so zahlreich und prominent sind die hier ansässigen Weinmacher. Auch das kulinarische Angebot kann sich sehen lassen.

Ristorante Scamperle alla Rosa. *Auf Höhe der farbenprächtigen Kirche biegt man rechts in eine enge Gasse ab. Gut versteckt in den Winkeln der Gassen steht dieses gepflegte Haus mit elegantem Ambiente und schöner Terrasse. Alles Gute, das dieses Land hervorbringt, wird im Ristorante Scamperle alla Rosa aufgetischt. Hausgemachte Pasta, Wild, Rind, Schwein und Zicklein.*

Ristorante
Scamperle alla Rosa
Via Incisa 8
Fumane (VR)
Tel. 045/7701006

Enoteca
della Valpolicella
Via Osan 45
Fumane (VR)
Tel. 045/6839146
Sonntagabend und
Montag geschlossen.
Cantina geöffnet:
von 10.00–15.00 und
von 17.00–20.00 Uhr

Sehenswert ist die aus Steinen gemauerte Cantina des Hauses mit ihrem Verkostungsraum. Dort werden neben kalt gepresstem Olivenöl auch Valpolicella Classico, Amarone und Recioto von der Azienda Agricola Fernando Scamperle zum Kauf angeboten. So ganz nebenbei stehen etwas mehr als hundert Etiketten aus ganz Italien für die Weinfreunde bereit.

Enoteca della Valpolicella. Es ist nicht einfach nur eine Enoteca, die sich da ein wenig versteckt in einem alten Schloss befindet. Das gastronomische Angebot des Hauses umfasst überdies eine Cantina, eine Trattoria und bietet vier Doppelzimmer mit eleganter, traditioneller Ausstattung. Rustikal aber elegant zeigt sich auch die Einrichtung der Trattoria. Mächtige Steinmauern dominieren im Weinkeller. Zum Verkosten gibt es in der Enoteca della Valpolicella neben den bodenständigen und einer exquisiten Selektion italienischer Weine noch Grappe, Olivenöl und regionalen Käse aus den Lessiner Bergen. Der Weinverkauf befindet sich im Parterre gleich neben dem Eingang. Alles, was das Land an Probierenswertem hervorbringt, ist hier zu finden. Die schon mehrmals ausgezeichnete Küche der Enoteca steht für regionale Spezialitäten in ansprechender Qualität. Der rustikale Stil des Hauses strahlt auch in den Speiseräumen Gemütlichkeit aus.

SANT'AMBROGIO: ENDE UND ANFANG

Folgen wir mit diesem Reiseführer dem Weg der Sonne durch die Weinberge des Veneto, dann ist Sant' Ambrogio die Endstation unserer Reise. Kommen wir aber von Westen her oder über die Brennerautobahn ins Valpolicella, dann ist das der Anfang einer kulinarischen und weinseligen Entdeckungsreise. Romantisch leuchten am Abend die Lichter von S. Giorgio herunter und erinnern zu jeder Jahreszeit ein wenig an Weihnachten.

PROVINZ VERONA

**Weinbau, Obst-
bau und Oliven-
kulturen – Vielfalt
einer Landschaft**

Ristorante Groto de Corgnan. *Das kleine Restaurant liegt im östlichen Ortsteil von Sant'Ambrogio in Corgnano. Eine schmale Straße führt hin. Parkplätze gibt es in den engen Gassen eher wenige. Darum sollte der Gast heraußen bei der Abzweigung seinen Wagen abstellen. Und dann nur keine Angst. Die Küche ist besser, als die Fassade vermuten lässt. Der Wirt und Koch gilt als einer der Motoren der lokalen Gastronomieszene. So war er auch Mitbegründer der Gemeinschaft »Tavole della Valpolicella«. Vier intime Speiseräume stehen den Gästen zur Verfügung. Im Sommer kann auch im kleinen Giardino gespeist werden. In seiner Küche gibt der Chef den regionalen Spezialitäten aus dem Hügel- und Bergland den Vorzug. Das heißt, dass Käse- und Pilzliebhaber hier auf ihre kulinarische Rechnung kommen. Die Grundprodukte werden gerne mit Nudeln wie Ravioli und Tagliatelle zu Köstlichkeiten verarbeitet. Mit der regionalen Küche harmoniert das Weinangebot bestens.*

Ristorante Enoteca Al Covolo. *Die typischen Gerichte der Region bereitet der Juniorchef im Restaurant des Al Covolo leicht und bekömmlich zu. Marinierte Bressaola oder Carpaccio vom Rind werden als Vorspeisen gereicht. Wer es besonders leicht mag, der bekommt gegrilltes Gemüse. Als Hauptgerichte serviert man das unterschiedlich zubereitete Fleisch von Gans (Oca), Ente (Anatra) oder Kaninchen (Coniglio). Immer fein abgeschmeckt mit Kräutern wie etwa Rosmarin oder Salbei. Die hausgemachte Pasta in verschiedenen Versionen ist hier eine Selbstverständlichkeit. Sie schmeckt ganz hervorragend mit der fein gehobelten schwarzen Trüffel. Die gibt es in diesem Ristorante auch außerhalb der eigentlichen Trüffel-Saison. Da werden dann die rechtzeitig eingelegten schwarzen Knollen verwendet.*

Ristorante Groto de Corgnan
Via Corgnano 44
Corgnano
Sant´Ambrogio (VR)
Tel. 045/7713372
Sonntag und Montag
mittags geschlossen

Ristorante Enoteca Al Covolo
Piazza Vittorio Emanuele 2
Sant´Ambrogio di
Valpolicella (VR)
Tel. 045/7732350
Dienstag Ruhetag

Trattoria alla Coà
Ospedaletto di
Pescantina (VR)
Tel. 045/6767402
Sonntag und Montag
geschlossen

An kompetenter Weinberatung fehlt es auch nicht. Mehrere Flaschen mit edlem Rebensaft aus verschiedenen Weinbaugebieten Italiens stehen für die glasweise Ausschank bereit. So ist ein Variieren bei den einzelnen Gängen möglich.

Apropos Wein! Im Keller des Hauses befindet sich die Enoteca. Dort können, unabhängig vom Restaurant, Weinverkostungen begleitet von klassischen italienischen Gerichten und der Wahlmöglichkeit aus mehr als 500 Etiketten vorgenommen werden. Keine bedeutende Region fehlt. Einkäufe für den privaten Keller sind möglich.

Trattoria alla Coà. Ospedaletto di Pescantina nennt sich selbst »Stadt der Pfirsiche«. Selbstredend wird im besten Restaurant der Stadt eine sehr cremige Pfirsichtorte als abschließende süße Versuchung serviert. Doch schön der Reihe nach. Die Trattoria alla Coà ist direkt an der Staatsstraße als romantisch und grün überwuchertes Haus zwischen Stahl- und Betonbauten zu finden. Sie gehört zu den klassischen Adressen im Valpolicella. Hellblau gibt drinnen farblich den Ton an. In der Küche regiert der Patron. Die Gäste werden in akzentfreiem Deutsch von der Chefin persönlich bedient und beraten. Die Stoff-bezogene Speisekarte macht die Wahl schwer. Doch feine Vorspeisen mit Pilzen, Hauptgerichte, deren Geschmack die Trüffel verfeinert, oder diverse Veroneser Köstlichkeiten und ein Dessert vom spektakulär zusammen gestellten und gute Vorsätze vernichtenden Süßspeisenwagen machen die Einkehr zum Erlebnis. Das Weinangebot ist nicht nur regional abgestimmt und wird hohen Ansprüchen gerecht.

HINAUF NACH S. GIORGIO

Wer hinauf in die Hügel über Sant´Ambrogio nach S. Giorgio fährt, erlebt vor allem im Frühjahr ein

**Impressionen rund
um San Rocco**

persönliches Fest der Sinne. Den Autofahrern sei die eine oder andere Pause bei der Fahrt durch die Weinberge, vorbei an Obstgärten und Olivenhainen, angeraten. Motorradfahrer und Mountainbiker erleben den Duft des Frühlings und die Pracht des Valpolicella ohnehin intensiver. An klaren Tagen ist der Blick auf Verona und vor allem auf den südlichen Teil des Gardasees ein gerechter Lohn für die weite Anreise. Durch die botanische Vielfalt mutet der Ausblick hinüber zum Lago wie ein Blick ins Paradies an.

Oben im kleinen Bergdorf sollte ein Besuch in der Chiesa Barbarico romanica aus dem 8. Jahrhundert eingeplant werden. Die Basilica wurde von den Langobarden errichtet und zählt zu den ältesten Kirchenhäusern in der Provinz Verona.

Trattoria Dalla Rosa Alda. *In engen winkeligen Gassen, begrenzt von alten Steinmauern, ist kurz vor der Pieve Barbarico, im Zentrum des alten Bergdorfes, diese empfehlenswerte Trattoria zu finden. Ein gemütliches Ambiente und eine schöne Terrasse mit prächtigem Ausblick hat der familiär geführte Betrieb zu bieten. Gepflegte Zimmer gibt es obendrein. In der Küche steht die Chefin persönlich und zaubert dort eine ansprechende Qualität auf die Teller, die bei kreativer Umsetzung durchaus der Tradition der Gegend entspricht. Mit Grundprodukten wie Kräutern, Gemüse der Saison, den unverzichtbaren Bohnen, Polenta, Fleisch von Rind, Schwein oder Pferd und bisweilen einer geschmackvollen Amarone-Sauce, wird*

Trattoria Dalla Rosa Alda
Strada Garibaldi 4
S. Giorgio di Valpolicella (VR)
Tel. 045/6800411
Montag Ruhetag

Erfreuliches für den Gaumen zubereitet. Die ausgewählten Weine kommen aus den Hügeln um Verona und dem übrigen Veneto. Auch die Weinberatung liegt in familiärer Hand. Der magenberuhigende Grappa wird bei Nonino im Friaul destilliert.

AUSFLUG IN DIE BERGE

Sollte man sich an den Weinbergen, Obstgärten und Zypressen satt gesehen haben, so empfiehlt sich durchaus ein kurzer Ausflug hinauf in die Ausläufer der Monti Lessini. Zum einen lockt die Landschaft mit ihrem satten Grün, zum anderen der würzige Käse, der hier vorwiegend von den schwarzbunten Kühen geliefert wird. In den Bergen rund um Molina liegen einsame Bergdörfer oft hingeschmiegt an den Hang wie Schwalbennester. Dazwischen trifft der Reisende immer wieder auf Steinbrüche und Steinindustrie. Die Verarbeitung des örtlichen Steines hat hier soviel Tradition, dass die Bauern in den Bergen sogar ihre Grundstücke, Felder und Weiden mit stehenden Steinplatten begrenzen.

Zwischen den Dörfern Breonia und S. Anna bewegt man sich auf einer Seehöhe zwischen 700 und 900 Meter. Diese Gegend eignet sich hervorragend für Bergradler. Das Mountainbike mit Slicks ist für diese Straßen ideal. Die Landschaft bietet ja schon Almcharakter. Schön ist der Blick über die grünen Matten der Almen hinauf zu den Lessiner Bergen. Vom Westen her grüßt mächtig der Monte Baldo. Er trägt bis weit ins Jahr hinein seine weißen Haube.

Sportliche können sich getrost ohne sorgenvolles Kalorienzählen dem Genuss hingeben. Die Feldwege unten im Weinland laden zum Laufen ein. Die unzähligen Hügel sind in Summe eine schöne Herausforderung für Radler. Wer wandern will, kann das recht beschaulich zwischen den Wein- und Obstgärten oder bei der Besichtigung der verschiedenen Weinbauorte tun.

ANREISE ÜBER DIE ETSCH

Wer auf der Autobahn aus Richtung Mailand oder vom Brenner kommend ins Valpolicella reist, muss die Etsch (Adige) überqueren. Westlich und südwestlich von Sant'Ambrogio, dort wo das Valpolicella zum Etschtal hinabfällt, dominiert die mittelständische Stein- und Keramikindustrie. Der rötliche Stein dieser Gegend wurde schon vor Jahrhunderten für den Bau von Kirchen und Palästen im nahen Verona verwendet.

Wer zum ersten Mal diese Industriezone durchquert, möchte nicht glauben, dass ihn schon nach wenigen Kilometern Weingärten, Olivenhaine, Kirsch- und Pfirsichgärten empfangen und das Landschaftsbild prägen. Wein, Stein und Obst liefern daher auch die bevorzugten Gesprächsthemen bei den Geschäftsessen in den kulinarischen Fluchtburgen des Valpolicella. Im Sommer kommen auch immer wieder Genießer vom Gardasee ins Weinland, um sich kulinarisch und weinselig verwöhnen zu lassen.

PROVINZ VERONA

Mit Weidenruten
werden die Wein-
stöcke in Form
gebunden.

**Auf Schritt und
Tritt lassen sich
in dieser reichen
Region lohnende
Details entdecken.**

Probierrichtlinien

Für die Aufnahme der gastlichen Lokale in diesen Reiseführer ist nicht einfach der subjektive Geschmack des Autors ausschlaggebend. International gültige Richtlinien wie Stil des Hauses, Hygiene, Gedeck, Qualität der Bedienung, Stil der Küche, Frische der Produkte, Präsentation der Gerichte, Weinangebot und Weinberatung sind letztlich ausschlaggebend.

Auf eine kurzfristige Benotung mittels Messer, Gabel, Kappen, Hüte, Servietten oder Sterne wurde schon wegen der langfristigen Gültigkeit des Buches verzichtet. Einzig die Beschreibung selbst soll das jeweilige Lokal qualitativ zuordnen.

Natürlich kann es während der Drucklegung dieses Buches durch Besitzerwechsel beim einen oder anderen gastronomischen Betrieb zu Angebotsänderungen bzw. Qualitätssprüngen nach oben oder unten kommen.

Da dieses Buch ein Reiseführer quer durch das Veneto ist, wurde versucht, besonders in Ballungszentren einen repräsentativen kulinarischen Querschnitt, der allen Brieftaschen gerecht wird, zu erstellen. Dies gilt auch für das Weinangebot.

Nicht nur in den Ristoranti, Trattorie und vereinzelt in den Ostarie wird, wie bei den Winzern, vor dem Besuch eine telefonische Reservierung oder Anmeldung empfohlen.

Ortsregister